歴史文化ライブラリー

118

日赤の創始者　佐野常民

吉川龍子

吉川弘文館

原則として、初版で掲載した口絵は割愛しております。

目次

日本赤十字社と佐野常民――プロローグ

日本赤十字社

昭和六十年（一九八五）八月十二日夜、日航機が群馬県御巣鷹《おすたか》山の尾根に墜落し、五二〇人の貴い人命が犠牲となった。この大事故は、十数年を経た現在でも多くの人々の胸に、悲惨なできごととして記憶されている。

日本赤十字社では事故発生の第一報と同時に救護準備を開始し、翌日から九月末までに延べ一五四班（一〇三三人）の救護班を派遣して、連日、遺体の処置に従事した。そのなかで赤十字看護婦は、ヘリコプターから降下して生存者四人の救護にあたった二人のほかは、遺体の洗浄、清拭《せいしき》を担当し、遺体の欠損部分を資材で形成する整体をも行った。たとえ、手だけの遺存であっても、故人の体型にできるだけ似せて整体をしたのは、棺を開けたときの遺族の悲しみをくみとる心の看護が大事であると考えたからである。

当時、高崎署刑事官であった飯塚訓《さとし》氏は、身元確認班長として連日にわたり凄惨な情景に直面し、一三年後にその体験記『墜落遺体　御巣鷹山の日航機123便』（講談社）を著した。そのなかの「看護婦たちの胸の内」の章に次のような記述が見られる。

ベージュの上衣に裾《すそ》のすぼまったスラックス姿の日赤看護婦のきびきびした動作とその気丈《きじょう》さには、医師も警察官も驚嘆し感動さえ覚えた。（中略）私の脳裏には、日赤看護婦たちの組織的で連帯感に満ちた行動、赤十字のマークに誇りと使命感をもった活動の情景が、いまでも鮮明に映しだされる。

赤十字看護婦もこの救護体験を通じて、赤十字の組織の一員であることを改めて自覚し、日頃の訓練の大切さを痛感したと、手記に記している（『救護体験記――60・8・12日航機墜落事故現場から』日本赤十字社）。この大事故の際には、地域赤十字奉仕団と青年赤十字奉仕団によるボランティア活動も連日行われた。

日本赤十字社の事業について、赤十字病院や献血を知っている人は多いが、そのほかにさまざまの活動が行われてきたことは、あまり知られていないようである。なかでも最重要な災害救護は、一一〇年以上前の明治二十一年（一八八八）の磐梯山《ばんだいさん》噴火の際に始まり、その後は大地震、大津波、台風などの災害のたびに救護班が派遣され、特に関東大震災（大正十二年〔一九二三〕）や阪神・淡路大震災（平成七年〔一九九五〕）の救護は、大規模であった。

日本赤十字社の救護事業といえば、戦時救護を想起する人が多いが、災害救護はこのように長い歴史をもち、そのたびに多くの人命を救ってきたのである。赤十字は、人間の苦痛を予防し、軽減するという人道的任務の達成を目的とするから、災害救護も戦時救護も、人命尊重のための活動である。

日本赤十字社は、国際赤十字を構成する各国赤十字社の一社であり、赤十字が掲げる人道の任務を達成するために、国際救援、国際開発協力など、国際機関としての活動を行っている。明治二十三年（一八九〇）のトルコ軍艦沈没事故で最初の国際救援を行った際には、トルコ国民から感謝され、同国内に親日派が多くなるもととなった。

また国内では、医療事業、看護婦養成、血液事業、保健・福祉事業などを行っている。災害時などにボランティア活動を行う赤十字奉仕団と、赤十字を理解し、国際親善や福祉への貢献を目的に学校のなかに組織された青少年赤十字は、全国的活動を展開している。

日本赤十字社を組織する社員は、赤十字事業の主旨を理解し支持する個人と法人であり、毎年一定の社費を納入すれば、国民のだれもが社員となれる。

佐野常民の果たした役割

江戸幕府が倒れる直前の慶応三年（一八六七）の春、パリで開催された万国博覧会の赤十字展示館で、はじめて赤十字と出会って、感銘を受けたチョンまげ姿の日本人がいた。佐賀藩から派遣された佐野常民《さのつねたみ》である。戦場で負傷して武器を捨てた者は、戦闘員ではなく、もはや一人の人間であるとして、敵味方の別なくその苦痛を救うために一八六三年に創設された、国際的救護組織の赤十字を知ったときから、佐野の後半生は始まった。

佐野が同志の人々とともに、日本赤十字社の前身である博愛社《はくあいしゃ》を創設したのは、その一〇年後の明治十年（一八七七）だが、その原点は、佐野のパリ万国博覧会での赤十字との出会いであった。佐野はさらに、ウィーン万国博覧会（明治六年〈一八七三〉）にも明治政府から派遣されて、再び各国赤十字社の展示を見学した。文明開化といえば人々は法律の完備や器械の発達をあげるが、私は赤十字の組織が盛大になったことこそ、文明進歩の証拠だとそのときに考えたと、佐野は後に語っている。

西南戦争の最中に博愛社を創設したときの設立願書と社則に、敵の負傷者をも救護することをあげ、戦事には干渉しない中立の立場をとると述べて、赤十字と同様の組織を考えていた。しかし赤十字の標章の使用や、赤十字社を名のることはしなかった。日本政府がジュネーブ条約（赤十字条約）に未加入なので、それは不可能だと知っていたからである。博愛社の副総長になった佐野は、赤十字の組織に加盟することを早くから念願とし、日本のジュネーブ条約加入を希望した。また西欧諸国の例にならって、女性救護員（看護婦）の養成も早くから考えていた。

明治十九年（一八八六）は佐野の希望が開花した年であった。日本がジュネーブ条約に加入したことと、救護員を養成するための博愛社病院が開院したからである。翌明治二十年（一八八七）に日本赤十字社と改称するとともに、佐野は初代社長に就任した。国民のだれでも社員となれる社員制度は、博愛社の創設以来続き、佐野は演説のたびに赤十字の由来や、赤十字事業の重要性を説いて、社員の増加を願った。

佐野が意を注いだ事業の一つに赤十字看護婦の養成がある。明治二十三年（一八九〇）の赤十字看護教育の開始以来、国の内外の救護に派遣する場合を考えて、活動的で、しかも心のこもった看護が実践できる看護婦の育成を目ざした。佐野の看護教育の指針は、のちのちまで継承され、冒頭に述べたような大事故の際の現代の赤十字看護婦の活動にも、活かされているのである。

佐野常民と万国博覧会

精煉方主任

弘道館での勉学

九州第一の大河で筑紫次郎の呼び名をもつ筑後川は、有明海に注ぐ河口の近くで、西側に早津江川《はやつえ》を分流する。元来はこの早津江川の方が本流であったという。早津江川の西側の流域が、佐野常民《つねたみ》の生地、肥前国佐賀郡早津江(現、佐賀県佐賀郡川副《かわそえ》町早津江)である。早津江の地名は、すでに江戸時代初期の「慶長年中肥前国絵図」に見られ、古くから開けた所であった。

佐野常民は文政五年(一八二二)十二月二十八日(太陽暦では一八二三年二月八日)、早津江に住む佐嘉《さが》(以下、佐賀とする)藩士の下村充贇《しもむらみつよし》の五男として誕生し、幼名を鱗三郎《りんざぶろう》といった。奇《く》しくもその三年前(一八二〇年)には近代看護の先駆者フローレンス・ナイチンゲール、五年後（一八二八年）には国際赤十字の創始者アンリー・デュナンが誕生している。

早津江は佐賀城下町から南東へ約六キロほど離れた郷村であったが、城下町の外港的役割をもち、商業上、軍事上で重要な場所であった。津の居住者や漁業者を支配する津方代官（浦代官）があり、また郷村には武士が居住するのが佐賀藩の特色であって、父の下村充贇もその一人であった。

早津江川の流れに親しみながら成長した鱗三郎は、満九歳になったばかりの天保三年（一八三二）の春、下村家の親戚の佐野家の養子となった。養父の佐野常徴《つねみ》（孺仙《じゅせん》）の家は藩医で外科を専門としたから、彼も外科医を継ぐ運命となった。その二年前の天保元年（一八三〇）に佐賀藩主は第十代鍋島斉正《なりまさ》となったが、養父は前藩主（隠居中）の鍋島斉直《なりなお》に仕えていた。佐野家の養子となった鱗三郎は、斉直から栄寿《えいじゅ》という名を賜った。藩主鍋島斉正は、隠居後の慶応四年（一八六八）三月に直正《なおまさ》と改名したので、通常は直正とよばれているから、それにならうこととする。号を閑叟《かんそう》という。

佐野家は佐賀城の東側の枳小路《げすこうじ》（現、佐賀市水ケ江二丁目）にあり、栄寿は郷村のくらしから町方のくらしに変わった。その南側の会所小路は、大隈重信《おおくましげのぶ》が生まれた地であり、現在も復元した生家と大隈記念館がある。佐野家の養子になった二年後には養父が鍋島斉直に従って江戸へ赴いたため、栄寿は生家に預けられ、早津江から城下町にある藩校弘道館へ通うこととなった。弘道館といえば水戸藩の藩校（天保十二年開設）が著名であるが、佐賀藩の藩校弘道館は水戸よりも六〇年早く、八代鍋島治茂《はるしげ》の世の天明元年（一七八一）に城の北側の松原小路（現、松原一丁目）に開設された。弘道館は、通学の外生（小学生）で基礎の学問を学び、それが終了してから寄宿制の内生（大学生）に進学する仕組みであったが、栄寿は一年間の修学で早くも内生に進むほど、頭角を現わしていたという。その後まもなく弘道館は北堀端へ移転し、規模を拡大した。

江戸へ行く

天保八年（一八三七）の冬には江戸にいる養父常徴のもとへ行き、その翌年に佐賀藩出身の古賀侗庵《とうあん》の塾に入門した。古賀侗庵は、佐賀藩の著名な儒学者である古賀精里《せいり》の子で、父と同じく名儒と呼ばれ、幕府の儒官をも務めたが、一方では西洋事情や海防問題に関心をもち、『海防臆測《おくそく》』などの著書がある。この師のもとで学んだ栄寿は、儒学の修学以外に、国外へ目を向けることも学んだと考えられる。

しかし江戸での修学は長く続かなかった。天保十年（一八三九）一月に前藩主の鍋島斉直が江戸藩邸で死去し、養父が霊柩《れいきゅう》に従って帰国したため、栄寿も養母とともに佐賀へ帰ることとなったからである。佐賀で再び弘道館で学ぶほか、親戚の松尾家の塾で外科学を修業する身となった栄寿には、外科医としての一生が待ち受けていたはずである。天保十三年（一八四二）の冬、満二十歳を迎えた栄寿は、佐賀藩士の山領《やまりよう》円左衛門真武の娘、駒子《こまこ》と結婚した。駒子は栄寿と同年齢で、栄寿よりも早くから佐野家の養女となっていた。

蘭学修業

外科医となるための修業を続けていた佐野に転機が訪れたのは、弘化三年（一八四六）のことである。藩主鍋島直正は藩政立て直しのうえでさまざまな施策を行い、藩の将来を考えての人材育成のために、有為の青年を上方《かみがた》や江戸で学ばせた。佐野も藩主の内命により、その年、京都の広瀬元恭《げんきよう》の時習堂に入門して、蘭学を学ぶこととなった。広瀬元恭は甲州の生まれで、江戸で坪井信道について蘭学を修業した後、京都に蘭学塾を開いて、医学、理学を教授していた。『理学提要』『人身窮理書』などの訳述書が多く、また兵制、築城、砲術などをも講じた。はじめて外国語と外国の学問を本格的に学ぶこととなった佐野の向学心は、これを契機に急速に進展していった。

二年後の嘉永元年（一八四八）秋には、大坂の緒方洪庵《おがたこうあん》の適塾《てきじゆく》（適々斎塾）に入門した。現存する「適々斎塾姓名録」の第一三二番目に佐野の署名が見られる。

嘉永戊申中秋　　肥前佐嘉藩　佐野栄寿

緒方洪庵は大坂の著名な蘭学者で、天保九年（一八三八）に瓦町に開いた適塾は、のち過書町（現、中央区北浜三丁目）に移転し、全国から多数の入門者があった。佐野が入門したのは、過書町に移ってから五年目であり、その二年前には村田良庵（大村益次郎）が入門し、佐野の入門の翌年に塾頭になっている。『福翁自伝』に適塾時代の生活を著した福沢諭吉の入門は、八年後の安政三年（一八五六）である。

適塾での教え

全国から集まった俊才が、塾の二階の畳一枚ずつを割り当てられて、勉学の成果を競う生活のなかで、佐野は多くのものを学んだ。なかでも師の洪庵が深く共鳴して塾生たちに教えていたフーフェランド（ドイツの医学者）の医の倫理は、外科医を志していた佐野の心に深くやきついた。フーフェランドの著書（五〇年の体験を述べた書）の蘭訳本を洪庵が和訳して『扶氏経験遺訓《ふしけいけんいくん》』と題して出版したのは安政四年（一八五七）であるが、蘭訳本は刊行後まもなく日本にもたらされ、洪庵がそれを入手して、すでに天保十三年（一八四二）に訳稿ができあがっていた。

杉田玄白の孫の杉田成卿《せいけい》も、同じ書を和訳した『済生三方《さいせい》』を嘉永二年（一八四九）に出版した。そのなかにある「医戒」は、原書の末尾にある「医師の義務」を訳したもので、それ以後の日本の蘭方医に強い影響を与えた。この「医戒」の部分を蘭訳書で読んだ緒方洪庵も深い感動を覚え、訳本出版の年（安政四年）の正月に、「医戒」の大要を一二章に要訳した「扶氏医戒之略」を塾生たちに示した。その一部に次のような語句がある。

一、不治《ふじ》の病者も仍《よりて》其《その》患苦を寛解《かんかい》し、其生命を保全せんことを求むるは、医の職務なり、棄てて省みざるは人道に反す、たとひ救ふことは能《あた》はざるも、之《これ》を慰《い》するは仁術なり。（後略）

『扶氏経験遺訓』には「医戒」の部分は載っていないが、洪庵はすでに早くから、フーフェランドの説く医の倫理を、適塾のモットーとして塾生に講義していたと考えてよい。したがって佐野も在塾中にその教えを聞き、ヒューマニズム（人間愛）に基づく倫理観を身につけたはずである。右の「扶氏医戒之略」のなかで、洪庵が「人道」という言葉を使ったのは、人の道の意からであろうが、佐野はこの適塾入門の二九年後の明治十年（一八七七）、西南戦争のなかで実際に人道に基づく救護事業を開始し、人手不足のために棄てて顧みられない負傷者の命を救うのである。

緒方洪庵の適塾の経営には、八重夫人の内助の功も大きかった。東京都文京区駒込の高林寺にある洪庵夫妻の墓のうち、八重夫人（明治十九年二月没）の墓碑銘を起草したのは、のちの佐野常民である。その碑文のなかには、佐野が実際に見た夫人の塾生への思いやりが記されている。

門生を待つに誠切なること子の如し、或いは塾則を犯せば則《すなわ》ち従容《しょうよう》として戒諭して、先生をしてこれを知らしめず。（原文は漢文）（緒方洪庵先生夫人億川氏之墓）

適塾の建物は解体修理されて同じ場所に存在し、往時を示す貴重な文化財として公開されている。

紀州の春林軒塾

佐野の適塾在塾は一年間であったと従来の伝記書ではいわれていたが、入門して半年後の翌嘉永二年三月七日には、紀伊国平山（和歌山県）の春林軒塾《しゅんりんけん》へ移ったことが、同塾入門届けにより判明する。春林軒塾は、日本における最初の麻酔手術（文化二年〔一八〇五〕）で知られた華岡青洲《はなおかせいしゅう》が開いた家塾であって、青洲はすでに没していたが、その子孫が華岡流外科の指導を続けていた。佐賀藩からの華岡青洲塾入門者は、江戸の伊東玄朴塾に次いで多く、青洲が弟の鹿城に開かせた合水堂とよぶ分塾（大坂、中の島）で学んだ者も含まれている。外科医を目ざす佐野は、春林軒塾で実地の指導を受ける機会を得た。当時の青年はこのように、短期間ずつ多くの塾を巡って修業するのが一般的であった。春林軒塾の建物は、紀ノ川沿いの和歌山県那賀郡那賀町に復元して公開され、いまも当時を偲ぶことができる。

江戸の象先堂塾

佐野はさらに同年、藩主の命により江戸へ行き、伊東玄朴《げんぼく》の象先堂《しょうせんどう》塾に入門した。玄朴は肥前国神埼《かんざき》郡仁比山《にいやま》村の生まれで、佐賀藩士の養子となり、長崎でシーボルトに学んだ蘭方医であり、その塾は江戸の蘭学塾のなかでも著名であった。蘭書を読むために、塾生たちは一冊しかないズーフの蘭和大辞書を先を争って利用したが、佐野は他の塾生が熟睡するのを待って、深夜に辞書を使い勉学したという。こうした努力の結果、彼の学力は群を抜いて、まもなく塾頭となった。藩主鍋島直正は世に蘭癖《らんぺき》大名とよばれたほど、蘭学への関心が深く、伊東玄朴に対してしばしば西洋事情についての質問を寄せたが、その際に玄朴に代わって佐野が報告をするまでになった。在塾中に佐野が大病を患ったときには、玄朴がみずから懸命に治療をしたという。

長崎に家塾を開く

嘉永四年（一八五一）に藩主から長崎への転学を命じられた佐野は、途中で京都に立ち寄り、かつて広瀬元恭の塾でともに学び、理化学に精通している中村奇輔《きすけ》、石黒寛次と、西洋器械師でからくり儀右衛門とよばれた田中久重父子に、佐賀藩への出仕を誘い、ひとまず佐賀に帰った。

藩主に、時勢の進展している今日、他国人をも挙用して蘭学研究を推進すべきことを進言した。それが受入れられて、彼ら四人は国産方に新設の精煉方に出仕することが決まった。精煉方は、藩の軍事力と殖産力を増強する目的で開設された、のちの理化学研究所にあたる研究機関である。佐野はそれより長崎へ赴き、藩主からの転学の命を実行し、これまでの修学の結果を生かすために、家塾を開いて蘭学を講授した。しかしまもなく藩主から帰郷を命じられたため、長崎を後にすることとなった。

予乃《すなわ》ち長崎に於て門戸を開き家塾を建てて洋学を講す、当時緒方洪庵の塾長越前の渡辺卯三郎氏来遊し、其他《その》二三の旧知己亦《また》来る、ああ予か志業漸《ようや》く其緒に就く、然《しか》るに未だ一年を踰《こ》へす閑叟《かんそう》公より帰郷の命あり、予始業の際稍《や》や其規模を大にし且《か》つ旧友の来りて助くるを得て一気に進行中卒然廃し難きを以《もっ》て、其実況を具陳して帰郷の命を辞す、閑叟公可《き》かす、蓋《けだ》し亦《また》時事の止むを得さるに出るものなり、此に於て遂に居を撤して佐賀に帰る。（佐野伯談話「海軍創設当時の懐古」『佐賀藩海軍史』）

精煉方主任となる

嘉永六年（一八五三）に藩主鍋島直正の命により佐賀に帰った佐野は、精煉方の主任（頭人）に任命され、それを機に、医業をやめるにいたった。藩主から、蓄髪して栄寿左衛門と名のるようにいわれた彼は、剃髪していた頭に髪が生え揃うまでは、鬘《かつら》をつけて出仕したという（『鍋島直正公伝』第四編）。

嘉永五年（一八五二）十一月に佐賀藩に創設された精煉方では、蘭書に基づいて化学実験を行い、さらには化学工芸用の薬品や器械の製造、汽船や汽車の雛形《ひながた》の製作とその実用化への研究などを行うことになっていた。メンバーの一人である石黒寛次の自記には次のように記録されている。

嘉永五年秋佐賀製煉所事業拡張の議あり、長崎にありし佐野氏帰郷の命を蒙《こうむ》り、予と共に佐賀に至り製煉所の官舎に寄寓す、諸製造の設けあり、漸《ぜん》を以て集寓する者中村奇輔、田中近江、同儀右衛門、福谷啓吉等の諸氏なり、製薬品は勿論、瓦爾華尼器械、蒸汽、砲、汽船、汽車、螺線《らせん》砲等の試験あり。（「石黒記」『佐賀藩銃砲沿革史』）

また佐野も当時のことを回想した談話を残している。

最初長崎から召還せられ精煉方の幹事となり、精煉方の仕事は重《おも》に化学に関つた事と蒸汽船製造との仕事なり。（中略）其の造船の如きも技術を習熟するに非《あら》ずして、先づ書籍の上にて石黒が調へ夫《それ》を実験して行ふのみ（後略）（佐野伯談話「蒸汽船雛形製造の由来」『佐賀藩海軍史』）

佐賀藩では江戸の幕府に次いで多数の蘭書を所蔵したので、精煉方の人たちはそれを借用して、研究を進めた。佐野が借用した蘭書は、船舶、砲術、器械、窮理《きゆうり》（物理学）、舎《せい》密《み》（化学）など広い分野にわたったことが記録されている。

しかし実用化するまでには幾多の困難があり、藩の役人は藩費節約のために精煉方の廃止を主張するほどであり、また藩主の蘭癖を慰める娯楽場だという者もいた。だが鍋島直正は、精煉方は自分の道楽だからといって存続させたという。

十一月国産方の内に精煉方を設けられる。是《これ》は西洋の化学試験をなすためにして、(中略)延《ひ》いて其他の化学工芸の研究をなすに及び、更に之に関連して化学工芸用の薬剤及び器械を製造せんとするに至りしかば、是によりて藩内に利益の業を興さんとするに至りたりき。されど化学試験は著手し易くして成功し難く、よりて創設の後は捗々《はかばか》しきこともあらざりき。(『鍋島直正公伝』第三編)

長崎での海軍予備伝習

精煉方のメンバーに転機をもたらしたのは、安政二年(一八五五)の長崎海軍伝習所の開設であった。嘉永六年(一八五三)のペリー来航により、鎖国の夢を破られた幕府は、長崎のオランダ商館長クルチウスに意見を求めた。クルチウスはその翌年(安政元年)入港したスンビン号の艦長ファビウスの幕府海軍創設の意見書を、長崎奉行水野忠徳《ただのり》に提出した。このなかに海軍士官の養成があり、オランダ艦船の購入とともに、オランダ人教師団を招いて、乗組員養成を開始することが決定した。

ファビウスはジャワへ帰航する前にさっそく、長崎地役人と佐賀、福岡両藩士の有志に三ヵ月の予備伝習を行った。ファビウスは翌安政二年（一八五五）夏にも来日し、オランダ国王から幕府の第十三代将軍徳川家定へスンビン号を献呈した。同艦は観光丸と命名され、これを練習船として再び予備伝習が行われた。第一回の予備伝習に加わった佐賀藩では火術方の人が中心であったが、第二回には佐野をはじめ精煉方のメンバーが参加した。八月には出島の蘭館（オランダ商館）においても、スンビン号艦長として来日したベルス・ライケンから講義を受けた。佐賀藩の人たちは、オランダ人が日曜を休日としているにもかかわらず、伝習を受けるという熱心さであった。

同（八月）六日、今日日曜ニ候得共、艦将江申入御奉行所相届、蒸気船乗込、鉄鍛方且鋳立方等質問、本島、佐野、杉谷、橋本、谷口、田中、福谷等也。（本島藤太夫『松乃落葉』）

蒸気船・蒸気車の雛形製造

同じころ佐賀の精煉方では、中村奇輔らが出していた蒸気船と蒸気車の雛形製造の願い出が認められて、八月よりさっそく製作にとりかかった。中村奇輔はすでに嘉永六年（一八五三）七月にロシアの使節プチャーチンが長崎に来航した際に、その乗艦を見学し、艦内にあった蒸気車の雛形を実際に見ていたのである。精煉方のメンバーは、時々は佐賀に帰って、修得した知識を実地に生かす努力を重ねた。ようやく雛形が完成した際には、藩主の前で試験運転を行い、見学の人々を驚かせた。

閑叟《かんそう》公大に此新事業を督励し、其《その》成功の速《すみやか》ならんことを望む、余諸氏と共に日夜製造の方法を講究し、先つ蒸汽船蒸汽車の最小なる模型を製して、蒸汽車は之を盤台上に又蒸汽船は之を池上に浮べ共に運転を試む、今日を以て回顧すれは宛《あたか》も児戯に類すと雖《いえど》も、当時未た蒸汽器械の開けさる時世に於て、運転の実施を試むるや、人々見て以て奇と称せさるなし。（佐野伯談話「海軍創設当時の懐古」『佐賀藩海軍史』）

のち明治二十九年（一八九六）七月に皇太子殿下（のちの大正天皇）が佐野邸（東京市麴町区三年町）に行啓された際に、鍋島家に保存されていた汽船と汽車の雛形を庭で作動させて、往時を偲んだという。これらの雛形は現在も佐賀県立博物館に保管されている。

長崎海軍伝習所

安政二年（一八五五）十月二十二日（陽暦十二月一日）には、長崎海軍伝習所の開所式が行われ、出島の対岸の長崎奉行所西役所内の教場で正式に教育が始まった。これより前から来日していたペルス・ライケンをはじめ各士官ら

図１　精煉方が製造した蒸気船の雛形
（財団法人 鍋島報效会）

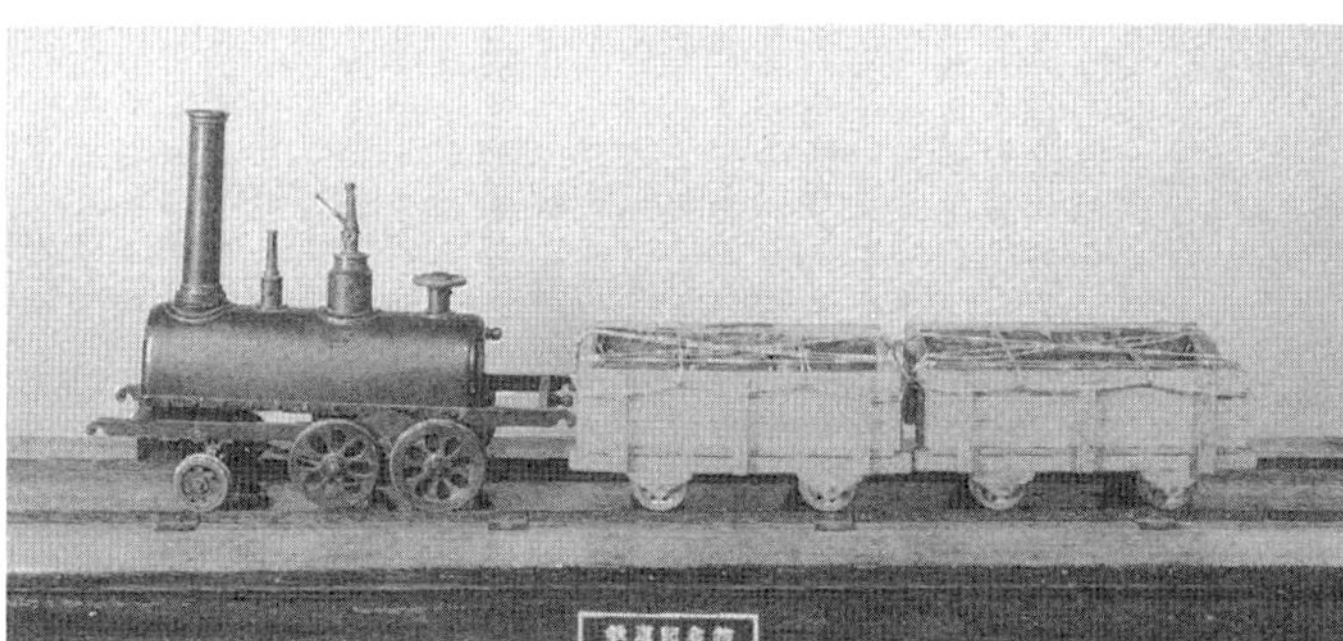

図２　精煉方が製造した蒸気車の雛形（財団法人 鍋島報效会）

が教師となって、航海術、運用術、造船、砲術、蒸気機関、数学などの学課と実技を教授した。日本側の伝習所総督は目付の永井尚志《なおゆき》であった。永井は三河奥殿《おくどの》藩の松平氏の出で、のちに佐野とともに博愛社の創設に尽力した大給恒《おぎゅうゆずる》（もと松平乗謨《のりかた》）と同族である。

幕府から派遣された伝習生たちとともに、各藩からも参加が認められた。なかでも佐賀藩は佐野栄寿左衛門を学生長として四八人もの多数の伝習生を派遣した。その一人であった中牟田倉之助の手記などをもとに書かれた『中牟田倉之助伝』に、当時の佐野の統率ぶりを見ることができる。

> 栄寿左衛門は年歯《ねんし》三十五歳にして、学生諸子よりも十四五歳の年長者なるを以て、能《よ》く統督の任を尽し、傍《かたわら》諸科を渉猟《しょうりょう》して知見を広めたりき。加之《しかのみならず》佐賀藩は、正規の課業の外《ほか》、特に運用術教師ベルスレイキに数学の予習・温習の董督《とうとく》を嘱したれば、彼は自ら諸生を率ゐて、放課後、出島に赴き、ベルスレイキの寓に就いて指導を受けしめたりき。佐賀藩の子弟が他の列藩よりも挺《ぬきん》でたるは彼の力によること頗《すこぶ》る多しとす。

また幕府伝習生の一人であった勝麟《かつりん》太郎《たろう》（海舟）がのちに著した『海軍歴史』の「海軍伝習」の項にも、佐野の名が見えている。

> 佐賀は其君侯識見卓越蚤《つ》とに蘭学大に開け、当時既に反射炉の設けあり、是蘭籍に就

て建築する所幕府も依頼し大砲数門を鋳造せしむ、故に学士其人に乏しからす、伝習生の進退船舶の事、佐野栄寿左衛門頭領《とうりよう》となりて周旋《しゆうせん》す、ゆへに列藩に冠し其熟習尤《もっとも》速かなりし。

佐賀藩は長崎に近いことから、寛永十八年（一六四一）より福岡藩と一年交替で長崎警備（御番役）を担当していたため、多額の出費に苦しんでいた。イギリス軍艦フェートン号がオランダの旗を立てて長崎港に侵入したフェートン号事件（文化五年〈一八〇八〉）のときは、佐賀藩が警備担当であったため、第九代藩主鍋島斉直は謹慎の身となり、藩内は火が消えたように沈滞したという。そのあと第十代藩主となった直正は、藩政立て直しを決意し、藩校教授の古賀穀堂《こくどう》の進言に基づいて、人材の登用、勤倹の奨励、学問・産業の奨励などを実行していった。

長崎警備にも意を注ぎ、外国船に対する防衛のための軍備計画を進めた。長崎港外の伊王島、神ノ島に砲台を築造し、また大砲を鋳造するために佐賀城の西北の築地《ついじ》（現、日新小学校校地）に日本最初の反射炉を建設した（嘉永三年〈一八五〇〉）。しかし築地反射炉では、鉄の溶解が不完全で作業が思うように進捗しなかった。そこへペリー来航（嘉永六年）にあわてた幕府から「鉄製石火矢」（大砲）の注文がきたこともあって、新たに多布《たふ》多布施《せ》川の流域に「公儀石火矢鋳立所」を建設した。この多布施反射炉は大規模な設備で、多数の大砲を生産したが、それに接して設けられたのが、精煉方の施設であった。現在、多布施川のほとりに精煉方跡と反射炉跡の二つの記念碑が建っている。

海軍伝習所での佐野は、運用、造船を中心にして蒸汽学、船具学などを学ぶことを藩から命じられていた。最初に来日した教師団の団長ペルス・ライケンは航海術、運用術、造船を教授し、ついで安政四年（一八五七）に交替した第二次教師団の団長カッテンディーケも運用術を教授した。オランダ海軍派遣隊からの報告には、佐賀藩の伝習生のようすも記されていた。

造船術については、伝習生たちに対してたとえどんなものであろうと、とにかく一隻の船を組み立てるよう勧告がなされた。（中略）望みによって作られ、搭索具でもって艤装された上記の八挺櫓のスループ船は、直ちに肥前から来ている伝習生の手によって模造された。かくて彼等は完全にこの造船にも成功したことを証明した。（シャイス「日本開国のためのオランダの努力」『長崎県史』史料編3）

ついで彼らは、派遣隊の船大工が建造し始めたカッター船と同じ大きさのカッター船も建造したという。なお第二次教師団のなかに加わった軍医士官ポンペ・ファン・メールデルフォールトは、物理学、化学、解剖術、包帯法を教授するとともに、日本最初の洋式病院である長崎養生所を設けて、日本の近代医学の発展に貢献したことで知られる。

練習航海

安政六年（一八五九）二月には、幕府の方針により長崎海軍伝習所は閉鎖となり、四月に幕府伝習生全員が長崎から引きあげた。だが佐賀藩の伝習生はその後もとどまり、同年八月十五日の引きあげまで授業を受けた。カッテンディーケの手記のなかにも、佐賀藩士の勉学ぶりが記されている。

　旗本出身の生徒が出発した後は、もっぱら肥前藩の生徒に講義するだけで、時間もタップリあった。肥前藩の生徒は、藩の船の扱いでもうスッカリ熟練を積んで、また藩侯特別の希望もあり、我々の力を借らずに、始終独力で練習航海をやっていた。（カッテンディーケ『長崎海軍伝習所の日々』）

佐賀藩では、海軍伝習中にオランダから購入した飛雲丸と電流丸および国産の晨風《しんぷう》丸の三隻を保有し、伝習生が独自の練習航海を実施するまでになっていた。佐野の回想によると、その際に役立ったのが伊能忠敬《いのうただたか》の測量地図であり、精細なこの地図は、まさに暗夜に灯火を得た思いであったという。

　和蘭《オランダ》ノ軍艦崎陽《キヨウ》ニ来航シタル時ニ当リ、始メテ海軍伝習ノ挙アリテ、永井尚志《ナオユキ》其事ヲ督シ勝麟太郎、矢田堀景蔵等来学セリ、当時永井ノ請求ニ依リテ、纔《ワズカ》ニ其《ソノ》小図ノ写本ヲ東京ヨリ送リ来レリ、時ニ余カ旧藩鍋島家モ亦《マタ》航海術ノ必須ナルヲ知リ、藩士ヲシテ之ヲ学ハシム、余此事ニ関カルヲ以テ永井等ト往来シ、偶々《タマタマ》其図ヲ一見スルヲ得タリ、因テ百方懇請シテ之ヲ借リ、同藩ノ図手六七名ヲシテ日夜之ヲ謄写《トウシャ》セシメタリ、爾後《ジゴ》余藩命ヲ承テ海ヲ航スルニ当リ、該図ニ由テ近海ノ航路ヲ定ムルニ、島嶼《トウショ》ノ形状岩礁ノ位置等ヲ掲出スルコト確実精詳ニシテ、常ニ其力ニ頼リ暗夜ニ灯火ヲ得タルノ思アリ、深ク翁カ図ノ精ナルニ敬服シ其功ノ大ナルニ驚嘆セリ。（佐野常民述「故伊能忠敬翁事蹟」『東京地学協会報告』第四年第四号）

電信機の製作も、早くから研究していたようである。安政四年（一八五七）六月に藩主の使者千住大之助が薩摩藩の藩主島津斉彬《なりあきら》のもとへ行った折に、精煉方が製作した電信機を贈呈したが、このとき、佐野と中村奇輔が同行している。薩摩藩では、この電信機を研究して、同年に電信の実験を行ったという。

精煉方ではそのほかに、金属、薬剤、火薬、油脂、ガラスから、紡績、製紙、印刷、写真など、広い分野にわたって研究、実験を行ったことが、記録されている（『佐賀藩銃砲沿革史』）。

さらに精煉方の研究成果は、蒸気船凌風丸《りょうふう》の建造となってあらわれた。海軍伝習所に伝習生を派遣中の安政五年（一八五八）一月に早津江川の流域の三重津に御船手稽古所《おんふなてけいこしょ》を設置した佐賀藩は、ここを藩の海軍の根拠地として、造船や海軍学寮の事業を推進していき、それに精煉方が関わっていた。なお精煉方と同様の施設は、幕府（万延元年〈一八六〇〉）や福岡藩（弘化四年〈一八四七〉）、薩摩藩（嘉永四年〈一八五一〉）にも設置されていたが、最も成果をあげたのは佐賀藩であり、その中心となったのが、佐野であった。

佐賀藩海軍

佐賀藩の藩主鍋島直正は、長崎警備の必要上から海防の重要性を早くより認識し、すでに弘化元年（一八四四）九月に、オランダ国王ウィルレム二世の開国を勧告する親書を携えて長崎に来航したパレンバン号に乗船して、船内や大砲の操作、軍事訓練を見学している。また安政元年（一八五四）四月にオランダ商館を訪問し、「蒸気車蒸気船之図」や「五菱角城雛形」など種々の西洋文明を見学した（本島藤太夫『松乃落葉』）。さらに同年の八月には来航したオランダ船スンビン号を訪問して、オランダ海軍の訓練法などの説明を受け、長崎警備に必要な軍事力について質問をしている。この際にオランダ側からは、大砲を備えた軍艦一二隻が必要という提案を得た。佐賀藩士の海軍伝習がこのときに開始された。また同年十月には、藩内での蒸気船製造のために諸役を定め、ついで十二月に早津江川流域の三重津（現、川副町と諸富町の境界辺）の御船屋脇に蒸気船製造場を設置する手配をした。

安政二年（一八五五）十月から海軍伝習所の訓練が正式に開始されると、翌年には鍋島直正は佐賀藩派遣の学生長である佐野を通じて、教師団の団長ペルス・ライケンに、藩の海軍を創設するための要件を質問した。これに対する返答書には、造船場の設立、船大工・水手の養成の必要性などが述べてあった。

すでに幕府は嘉永六年（一八五三）九月に鎖国の間禁止していた大船の製造を許可することを明らかにしたので、藩内での製造のほかに外国からの蒸気船の購入も可能となっていた。それには多額の費用がかかるため、藩では代品方《かわりしなかた》を安政元年に設けて、陶器、白蠟、石炭、小麦などをもって財源に充てることとした。

安政四年（一八五七）九月に海軍取調役を設け、十月にオランダのスクーネル船をまず購入した。飛雲丸と命名したその船の受け取りの際に佐野が立ち会った。佐野はこれを機に、佐賀藩海軍創設についての建白書（御内見）を藩主に提出した。このときに佐野が願ったとおりに飛雲丸は藩の伝習生の練習用に充てられた。さらに同年十一月には藩が工人を長崎へ送り、オランダ人の指導のもとに洋式船（コットル型）の建造を始め、大波止におけるその起工式に佐野も出席した。同船は晨風丸と命名され、ついで翌年十一月にオランダから購入した電流丸とともに、三隻が佐賀藩の最初の海軍船となった。

三重津海軍学寮

安政五年一月に三重津に御船手稽古所が設けられた。ここは長崎へ行った伝習生たちが、オランダ人教師から学んだ海軍の知識を、さらに広く藩士たちに学ばせるための海軍学寮（海軍所）であった。翌年八月に長崎での伝習が終了すると、「三重津御船屋より西一角海軍稽古場」（藩庁達）の設備を拡張し、調練場をも設けて、伝習帰りの人たちが教師となって、長崎伝習所に準じた教育が行われることとなった。

海軍学寮でも佐野が監督を務めた。飛雲丸、晨風丸、電流丸を三重津に係留し、また幕府から長崎伝習所で使用していた観光丸（オランダが幕府に贈呈した旧スンビン号）が一時佐賀藩に預けられたので、これらを伝習に活用している。万延元年（一八六〇）に佐野は鍋島直正の命を受けて江戸へ行き、幕府の海軍方の人たちとともに観光丸に乗り込んで長崎へ行ったのち、同船を受け取ることになったが、江戸へ行く途中で、大老井伊直弼《なおすけ》が斬殺された桜田門外の変を聞いたという（「観光丸の一笑話」『佐賀藩海軍史』）。海軍伝習所で航海術を中心に学んだ中牟田倉之助は航海術の教官となった。

三重津の海軍学寮は、略々《ほぼ》長崎の海軍伝習所に準じて編成せられき。佐野伯監督たり。（中略）長崎伝習所にて業を修めたる先輩、各々《おのおの》専攻の学科を担任して後進子弟を教導す。（『中牟田倉之助伝』）

ここでの教育は、初歩的な学問の修得に手間どり、長崎での伝習のようには進まなかったが、艦上での実地の訓練などにも力を入れ、船の操縦に熟練したときをもって卒業とした。海軍学寮は明治維新後まで存続し、教官および出身者から日本海軍に多くの人材を送り出した。

文久元年（一八六一）には電流丸の汽缶改造の必要から、三重津に汽缶製造所が設けられ、さらに文久三年（一八六三）三月には蒸気船凌風《りょうふう》丸の建造が開始された。佐野はその建造にたずさわり、日本最初期の国産蒸気船の誕生に尽力した。凌風丸は精煉方を中心とした技術陣によって船体、汽缶とも三重津で製造され、慶応元年（一八六五）に竣工した。三重津にはそのほか、イギリス製の甲子丸と皐月《さつき》丸も浮かび、佐賀藩海軍の偉容を誇っていた。

パリ万国博覧会へ

ヨーロッパへの旅

慶応元年（一八六五）秋に、フランス政府が江戸幕府に対して、一八六七年に開催するパリ万国博覧会への参加を求めてきた。幕府は参加を決定し、翌年四月に各藩に通知を出して、参加を募集した。すでに文久二年（一八六二）に、幕府が派遣した竹内下野守を正使とする遣欧使節団は、折から開催中のロンドン万国博覧会を見学していた。会場にはイギリス公使オールコックが在日中に収集した日本の漆器、陶磁器や生活用品が展示されていた。しかし日本からの万国博覧会への正式参加は、今回が最初であった。なおパリでは一八五五年にも万国博覧会を開催していて、今回は二回目であった。

薩摩藩は幕府の決定よりも前に参加を決めていて、幕府の呼びかけに応じたのは佐賀藩だけであった。進歩的な藩主である鍋島直正は、直ちに磁器・白蠟・紙・麻などの物産の出品を決めるとともに、派遣する代表者の検討をすすめた。その結果、精煉方の佐野栄寿左衛門を筆頭に、小出千之助、野中元右衛門、深川長右衛門、藤山文一の五名が選ばれた。佐野が選ばれたのは、物産の出品だけでなく、佐賀藩がオランダに軍艦の建造を発注する交渉の任務があったからである。

小出は万延元年（一八六〇）の幕府遣米使節に随行した経験があり、語学力が優れていて、長崎の英学校致遠館で英学の教師を務めていた。野中と深川は佐賀の商人で、商品の販売を担当するために選ばれた。野中の家は製薬を業とし、佐野とは以前からの知己で、修業中に援助を受けた間柄であった。藤山は精煉方に属し、佐野の従者として同行することとなった。またこの一行とともに、慶応元年に佐賀からイギリスへ密航した石丸虎五郎と馬渡《まわたり》八郎にも、パリで博覧会関係の仕事に協力するよう指令が出された。石丸と馬渡は脱藩の形で渡英したが、藩主はこれを許し、長崎にいた商人グラヴァーの世話で留学ができたといわれている。

佐野と小出は、長崎駐在フランス領事ゴルドと相談を重ね、ゴルドが特に推薦した佐賀藩の磁器を中心に出品物を選び、またフランス滞在中の費用の予算をたてるなど、連日準備に奔走した。出品物は横浜へ移送し、慶応二年（一八六六）十二月二十六日にイギリス商船イースタン・クイーン号で送り出した。

ついで慶応三年（一八六七）二月八日（陽暦四月十二日）の夜、一行五人は長崎でイギリス郵便船フィーロン号に乗船し、翌九日の午前二時ごろに出航して長い旅が始まった。一行とともに、フランス領事ゴルド、アメリカ人フレンチとチョルチ、オランダ人シケフ、アメリカへ留学する備前藩士花房義質《よしもと》と久留米藩士柘植《つげ》善吾も乗っていた。奇《く》しくも花房はのちに日本赤十字社副社長から第三代社長に就任した人で、佐野との縁は幕末に始まっていた。花房の記した『慶応三丁卯年為卿《いきよう》外遊記』の三月八日の項に佐野の名が見える。

（前略）英国飛脚船フィーロンとて、香港長崎の間に常に往来する所の汽船に乗る。佐賀人佐野某、小出、野中等の諸子あり、其国産磁器、茶など携へて、仏朗斯《ふらんす》展覧会に趣《おもむ》くものなり。佐野は兼々海軍に管せる人にて、此度も和蘭国へ誂へたる艦の成就を見届、乗帰るべき筈なるよし。

佐野の「渡仏日記」と野中の「仏国行路記」は、この船旅のようすを記録している。外国人との同行を、佐野が詠んだ歌もみえる。

誠やいつの日にか船の中にて常民の主
　こと国の言葉《ことのは》かはる異人《ことびと》も船の中皆こと心なし
こは美英仏等国々の人乗合たればなり（「仏国行路記」）

香港の見学

一週間後に香港《ホンコン》に入港すると、佐野はさっそくに同地の教育施設や造幣局などを見学し、はじめての外国見聞に一〇日間を過ごした。学校の見学では教え方を質問し、教室での授業も参観している。

（十八日）午前学校に至ル、教頭両人相迎フ、（中略）教頭「ストワルト」孟子《モウシ》ノ一章ヲ英文ニ翻訳セシ者見セシニ、文字ノ不当ナル所ハ改下シ、カツ番数ヲ書シ甲乙ヲ付タリ、是学生ニ清英両文ヲ互に翻訳セシムル由、是レ蘭学寮ノ復文会ノ如シ。（中略）各一等ノ書生ハ英学地理学算術等大抵進歩セシ様ニ見ユ、教方ノ規則正シクカツ綿密ナル事直ニ関心セリ。（佐野常民「渡仏日記」）

パリに到着

香港でフランス船アルフィー号に乗り換え、四月二十八日にスエズに到着、汽車でカイロを経由してアレキサンドリアに出て、再び船に乗り、五月五日にマルセイユに到着した。長崎を出発してから二ヵ月近くたっていた。佐野は一行を同地に残してパリに先行し、すでに到着していた幕府代表の徳川昭武《あきたけ》（第十五代将軍慶喜《よしのぶ》の弟）やフランス政府の博覧会担当者に挨拶を済ませた。

パリ万国博覧会はすでに四月一日（陽暦）からセーヌ川岸のシャン・ド・マルスで開催されていた。マルセイユに残った四人のうち、深川長右衛門が病気になったが、すぐに回復して、まもなくパリへ向かった。ところがパリ到着の五月十二日（陽暦六月十四日）に、今度は野中元右衛門が病気になり、同日ホテルの一室で永眠した。野中は、出発前に家族が健康を心配するのに対して、フランスは仏の国と書くから、その地で死ぬことがあっても本望だと語っていたという。野中の葬儀が五月十四日（陽暦六月十六日）にパリのペール・ラシェーズ（東の墓地）で行われ、佐賀藩の四人のほかに、花房、柘植とフランス人三人、アメリカ人二人、オランダ人一人が参列した。この墓地に埋葬された野中の墓は現存する。

パリに到着した直後に野中を失った一行は、悲しみを乗り越えて、出品物の展示と販売に多忙の日々を送った。開催直後から幕府と薩摩藩との間で、反目があったことが知られているが、幕府代表団の「大日本大君政府」の標札に対して、薩摩藩は「日本薩摩大守政府」、佐賀藩は「日本肥前大主政府」の標札をそれぞれに出した。また薩摩藩が丸に十字の旗を掲げたので、佐賀藩も藩の隅取旗と鍋島家の紋を掲げることにした。佐野は藩主に次のような報告書を送っている。

会場内の日本陳列所にありて出品の準備を為《な》したりしに、薩摩藩の岩下佐次右衛門より示談ありて、該藩にては薩摩兼琉球藩王の特派使と称し、場内にても薩摩及琉球国と標榜し、日本の旭旗と該藩の旗章とを交叉し、特に丸に十字の紋を掲げて、この万国人の集観を利して、徳川氏と同じく日本天皇の下に独立国たることを欧米列強の公衆に示し、以《もっ》て国体を明かにすべく、よりて当藩も亦同式に取り計はれよとのことなりしにより、我も之《これ》を領掌し、亦肥前国と標榜して、旭日の国旗と藩の隅取旗とを交叉し猶《な》ほ、翹葉《ぎょうよう》の紋をも掲げて、入場の群衆をして怪訝《けげん》の眼を以て之を凝視せしめたり。（『鍋島直正公伝』第六編）

『鍋島直正公伝』第六編には、珍しい日本の商品を買い求める西洋の人々のようすが記され、「望外の利益を収め得て」とあるが、博覧会の終了後も売れ残り品の処理に追われているので、伝えられるとおりではなかった。

赤十字との出会い

佐野は、西洋諸国の出品物を視察する任務をも命じられていたから、博覧会場に展示された当時の先端技術を示す兵器や車、機械類などを、精力的に見学して回った。これまで書籍を通じて知るだけであった西洋の機械文明を

図3　パリ万国博覧会場の赤十字展示館（L'EXPOSITION UNIVERSELLE DE 1867 ILLUSTRÉE (Páris)）

目の辺りにして、日本の立ち遅れをしみじみと悟ったことであろう。

その会場見学のある日、佐野は、屋外に患者輸送車を展示する一つのパビリオンに注目した。白地に赤い十字形の標章を掲げたこの建物は、赤十字の展示館であった。国際的な救護組織である赤十字は、その四年前の一八六三年（文久三年）に創設されたばかりであった。

赤十字の創始者は、スイスの実業家アンリー・デュナンである。彼は、イタリア統一戦争におけるソルフェリーノの戦い（一八五九年六月二十四日）の直後に、たまたま戦場を通りかかり、激戦の犠牲となった多数の戦傷者が放置されたままの惨状を目撃し、率先して地元の婦人たちとともに救護に尽力した。近代において避けられない戦争のたびに生ずる悲惨な状態を解決するには、敵と味方の別なく負傷者の苦痛を救う国際的な救護組織が必要である、と考えたデュナンは、一八六二年（文久二年）に『ソルフェリーノの思い出』を著して、人道に基づく救護組織を各国につくることを提唱した。それにまず賛同したのが、スイスのジュネーブ公益協会会長モアニエである。

このデュナンの構想を具体化するために、一八六三年（文久三年）二月九日に公益協会の会員が集合し、デュナンの説明を聞いた。列席者はそれに感銘を受け、組織を設立するために五人の委員を選出した。発案者のアンリー・デュナン、法律家のギュスタブ・モアニエ、将軍のアンリー・デュフール、医学者のテオドル・モノワールとルイ・アッピアの五人で、二月十七日に最初の会合を開いた。この委員会は、国際負傷軍人救護常置委員会（通称、五人委員会）と称し、のちの赤十字国際委員会のもととなった。

同会の呼びかけにより、同年十月二十六日にジュネーブで最初の国際会議が開催され、一六ヵ国から三六人が出席した。この会議で一〇ヵ条の決議（赤十字規約）が採択された。このなかで、各国に救恤《きゅうじゅつ》委員を組織し、奉仕救護者を養成し、救護者はすべて白地に赤い十字の同一標章を使用することなどを決めた。赤十字の標章は、デュナンの故国スイスの国旗の色を逆にしたものである。

さらに翌一八六四年（元治元年）八月には、欧米一六ヵ国の政府代表二六人がジュネーブに集まって国際会議を開催し、八月二十二日にそのうちの一二ヵ国が「戦地軍隊ニオケル傷者及ビ病者ノ状態改善ニ関スル一八六四年八月二十二日ノジュネーブ条約」（全一〇条）に調印した。この最初のジュネーブ条約の第六条には、敵味方の国籍を問わず傷病者を収容して、看護することが明示されていた。

第六条　負傷シ又ハ疾病ニ罹リタル軍人ハ、何国ノ属籍タルヲ論ゼズ、之ヲ接受シ看

護スベシ

こうして創設された赤十字は、万国博覧会の開催地パリで、一八六七年八月に第一回赤十字国際会議を開催することとし、博覧会会場に赤十字館を設けて、赤十字事業が一般に知られるきっかけを計ったのである。

人命尊重の精神

かつて外科医の修業を積んでいた佐野の脳裏には、大坂の適塾《てき》で師の緒方洪庵《こうあん》から学んだ人命尊重の精神――「不治の病者も……棄てて省みざるは人道に反す」の教えがよみがえり、国際条約に基づいて人道・博愛を実践する赤十字の存在が、深く心に刻みこまれた。

のちに佐野は、博愛社社員総会（明治十五年六月二十六日）で「博愛社ノ主旨ハ人ノ至性（至誠）ニ基クノ説」と題する講義を行ったなかで、このパリ万国博覧会での見聞を回顧し、負傷して武器を捨てた者は、もはや敵味方の別のない一人の人間であり、その生命を救うのは当然であると述べている。

回顧スレハ慶応三年余旧藩主ノ命ヲ奉シ、巴里《パリ》府大博覧会参同ノ為メ仏国ニ至リシトキ、十字社《(ママ)》ナル者アリテ、内外ノ兵ヲ択《エラ》ハス戦争ニ由テ負傷シタル者ヲ救治スルヲ務メトスルヲ見聞セリ。蓋《ケダ》シ此挙ノ主意タル、吾人兵器ヲ執テ行間ニ相ミルトキハ、各死力ヲ尽シテ国家ノ為ニ闘争スヘシト雖《イエド》モ、一旦傷痍《ショウイ》ヲ負ヒ兵器ヲ棄ルニ至テハ我同胞中ノ人ナレハ、吾人共ニ之ヲ救療セント欲スルニ在ル也。（博愛社資料）

この赤十字館を見学した日本人はほかにもあったであろう。幕府派遣の一行のなかの渋沢篤太夫（栄一）が記した「航西日記」の博覧会場の記録に、「創傷人を治療する病院」とあるのが、赤十字館のことかもしれない。また随員のひとり奥詰医師の高松凌雲《りょううん》も、医学を専門とする立場から赤十字館を見学したはずである。彼も適塾（大坂）の出身で、博覧会のあとパリの病院で外科手術の研修を受け、戊辰《ぼしん》戦争のさなかに帰国すると、箱館の病院で敵味方の別なく負傷者を治療し、政府軍の攻撃から患者たちの生命を守って、赤十字精神を実行した人として知られている。

オランダの旅

佐野は佐賀藩がオランダに軍艦を注文する交渉の任務をも担っていたから、万国博覧会の会期中にオランダへ行き、しばらく滞在した。幕府最初の留学生としてオランダに滞在中の赤松大三郎（のち則良《のりよし》）が、長崎海軍伝習所でともに学んだ間がらであったので、赤松が佐野の仕事を補佐してくれることとなり、七月にパリに来た赤松と再会した。のちに赤松は、この佐野との再会を回顧して、「（佐野は）外国語には通じなかったが進歩的な識見のある人で閑叟公《かんそう》（鍋島直正）の御信任の厚かった人であった」と語っている（『赤松則良半生談――幕末オランダ留学の記録』）。

赤松とオランダ入国後についての相談をした佐野は、随行の藤山文一とともに七月三日（陽暦八月二日）にパリを出発して、途中で赤松と会い、翌日首都ハーグに到着した。同地ではかつて長崎海軍伝習所の教官であった海軍局執政ペルス・ライケンと、軍艦注文の交渉に当たった。また、かつてスンビン号艦長として来日したファビウスも、この交渉斡旋に助力した。佐野は長崎で知り合ったボードウィンとも再会している。オランダに滞在して軍艦（日進丸）建造の交渉を進めたうえで、パリに戻ったのは十月二十一日（陽暦、以下同）であった。佐野の留守中の八月にはパリで第一回赤十字国際会議が開催されていた。

すでに万国博覧会は十一月三日の最終日まで、わずかの日数を残すのみとなっていた。佐賀藩では出品物の五分の一しか売れなかったため、売れ残り品の処理に苦心することとなった。幕府や薩摩藩もまた同様に残品処理に直面していた。翌月に佐野と藤山は再びオランダへ向かい、パリに残った小出と深川は四〇〇箱にのぼる売れ残り品の処理に没頭した。オランダにいる佐野のもとにも三〇箱が送られ、深川はロンドンへ渡って残品の売りさばきに務めた。佐野はハーグに着くと、日進丸の注文を取り決め、厳寒のなかで新年（一八六八年）を迎えた。一月末には赤松とともに、ドルトレヒト市のヒップス造船所へ

図4　オランダにおける佐野常民（山領春實氏所蔵）

行き、建造中の日進丸を視察したり、ユトレヒトの病院や博物館を見学した。

二月十九日にはパリに戻り、翌日、博覧会総裁であったフランス皇太子に拝謁し、陶器などを献上して「展観の礼詞」を述べた。同月二十三日に野中の墓参をし、月末に四人でベルギーへ旅行したのち三月には佐野と藤山は再びハーグへ行った。同地で「幼院」「貧院」「老院」などオランダの福祉施設を視察したことを日記に記しているのは注目される。

（三月二日）

貧院を見る、棄児院主此中にあり、現今此院にある者凡《およそ》六十人、併初生児より七歳迄ハ人家に托し、此院より入費を補ひ且《かつ》育方の善悪を鑑ずる由。（中略）老院を見る、八百三十人壱ヶ年の入費凡八万ギュルデン年ニロームセケルキより取立をす由。

三月二十七日にはドルトレヒトのヒップス造船所で、軍艦日進丸の命名式が行われ、赤松、小出と深川も列席した。

イギリスの旅

三月三十一日にはこれまで行動を共にした赤松に送られて、ロッテルダムから蒸気船でイギリスのハリッチ港へ向かい、翌朝同港についてのち汽車でロンドンに行き、石丸の出迎えを受けた。このロンドン滞在中に議事堂やロンドン塔、大英博物館などを訪れたり、石丸、馬渡の仲介により、幕府や他藩の留学生と交流を重ねた。明治期になって名を知られた中村敬輔《けいすけ》（正直《まさなお》）とも会っている。さらに産業革命により先進国となったイギリスの造船所、銃砲工場、製薬局などの視察も行い、造船所では建造中のプロシア軍艦を視察した。ロンドンではすでに地下鉄も開通し、交通機関の発達に目をうばわれた。テムズ川の下を潜るトンネルも通った。

（四月二日）

議事堂を見る、（中略）橋上より隣橋に蒸気車の通行間断なきを見る。

（四月三日）

ブラッキウヲーのドックヤールトを見る。孛漏生《プロイセン》の鉄製軍艦製作中なる、テームストンネル所謂地道を過ぐる。

帰国の途へ

だがロンドン滞在中に、日本からの大きなニュースが届いた。江戸幕府が倒れて維新の改革が行われたというニュースである。このため四月九日にはロンドン滞在を急遽切り上げてオランダへ渡り、日進丸建造の最終確認をとったのち、パリへ赴き、幕府派遣の渋沢篤太夫（栄一）に帰国の挨拶をして、四月十九日にマルセイユから帰国の途についた。

（前略）翌早春英吉利《イギリス》国竜動《ロンドン》に渡り、海軍所其他の実況を視察す、居ること二三旬にして本朝御維新のことあるを聞き、匆々《そうそう》英国を辞して和蘭《オランダ》国に還り、同国の海軍卿及和蘭商社に委託し、速に帰朝の途に就く。（佐野伯談話「日進艦註文当時の懐古」）

慶応四年三月廿五日（西洋四月十七日）

夕肥前佐野寿左衛門《(ママ)》罷出御逢有之、同人明日帰国之旨申聞る。（『渋沢栄一滞仏日記』）

幕府が解体し新政府が発足した日本の行く末に思いをはせながら、佐野の一行が長崎に帰着したのは慶応四年（一八六八）五月十九日（陽暦六月九日）であった。一行は、滞在中に購入した物品や万国博覧会用カタログ類を多数持ち帰った。カタログ類には武器や産業器械をはじめ、医学、教育制度、交通設備、福祉施設など、広い分野のものが見られる。

一行のうち小出千之助は、帰国した年の秋に惜しくも事故のために死没した。深川長右衛門はパリで洋服調製技術を修め、帰国後は日本の洋服業界の先駆者となったというが、佐賀藩の残品整理を一任され、取引商会の倒産などで苦労したといわれる。

なお密航により渡欧した石丸と馬渡も、一ヵ月ほどのちに帰国し、一時謹慎を命じられたが、まもなく放免され、両人とも佐賀藩海軍兵事係に復職したという。石丸は外国人との交際が広く、有田の陶磁業の改良のためにドイツ人ゴッドフリート・ワグネルを招いたが、ワグネルは明治六年（一八七三）のウィーン万国博覧会の際に、副総裁の佐野に同行した人である。石丸はのち安世と名のり、明治維新後は工部省電信頭、大阪造幣局局長となった。馬渡は俊邁《としゆき》と名のり、やはり新政府に出仕した。

日進丸が日本に回航されたのは明治三年（一八七〇）で、三月に長崎で授受のうえ、六月に佐賀藩から朝廷へ献納され、日本海軍の艦船となった。

ウィーン万国博覧会へ

兵部省出仕

明治三年（一八七〇）三月五日、佐野は新政府の兵部省《ひょうぶしょう》に出仕することとなり、兵部少丞《しょうじょう》に任命された。これまで佐賀藩のために尽力してきた功績が認められて、前藩主鍋島直正《なべしまなおまさ》の推挙により新しい国家の軍事整備の表舞台に出ることになった。この前年の五月に鍋島直正は新政府に、海外諸国が海軍を盛んにしている時に、わが国も海軍を創設するのが緊要であるという建議書を提出した。その原書が佐野家に保管されていたので、この建議の内容は佐野の案によるところが多いといわれている。

兵部省は、明治二年七月八日に太政官の下に設置され、東伏見宮嘉彰《よしあき》親王（のちの小松宮彰仁《あきひと》親王）が兵部卿《ひょうぶきょう》に任ぜられた。当初は海陸軍をともに管掌し、翌三年四月三日には有栖川宮熾仁親王《ありすがわのみやたるひと》が兵部卿となった。

明治三年五月一日には兵部省から太政官へ「大ニ海軍ヲ創立スベキノ議」という建白書を提出し、海軍振興の構想を明らかにした。ついで五月三日に兵部省の七名からなる重要会議が開かれた。このなかに佐野少丞も加わっていて、海軍創設についての討議、決定に参画している。七月二十三日には佐野少丞の名で、オランダ人E・W・スヘメールとイギリス人T・スノードンの二人を兵部省に雇い入れた。

この年の十月二日に、太政官から海軍はイギリス式、陸軍はフランス式とするという布告が発せられた。続いて閏十月十日には海軍掛と陸軍掛が設けられ、佐野は海軍掛に所属した。そのメンバーは川村純義（兵部大丞）が長で、増田明道、石井靄吉《あいきち》、赤松大三郎（則良）と佐野であった。しかし同月十七日、佐野は突然に兵部省を免官となった。外国船購入に不正があったという理由からであったが、これはまったくの冤罪《えんざい》であることが、まもなく明らかとなった。当時はげしかった藩閥争いの犠牲となったといわれる。旧藩主鍋島直正は病気中にもかかわらず、傷心の佐野を自宅に訪ねて慰めたという。この年、佐野は諱《いみな》の常民《つねたみ》を本名とした。

兵部省を免官となった二ヵ月後の明治三年（一八七〇）十二月十九日、佐野は工部省への出仕がきまった。工部省は同年の閏《うるう》十月二十日に設置され、鉄道、電信、製鉄、灯明台などを所管する省であった。各種の官業を起こし、近代的な技術や制度を取り入れるという、いわば日本の近代化を促進するための中心機関であった。このうち佐野が主として関わったのが、灯台事業であった。

灯台頭となる

日本の灯台設置は幕末の開国以来、イギリスをはじめとする外国からの要求によって、着手していた。灯明台に関する事務は、慶応四年（一八六八）一月に新政府の外国事務官に受け継がれ、同年四月に横浜裁判所の管理に移って灯明台掛が置かれた。さらに外国官、民部省などを経て新設の工部省の所管となったのである。

実際の事務が移管された明治四年五月に佐野は工部権少丞に任命され（五月九日）、正式に灯明台掛の事務を担当することとなった。同月には、灯台技術者を養成する目的で、横浜に修技校を開設した。この学校は、工部省の御雇い外国人ブラントンの進言により計画され、佐野がそれを推進したと伝えられている。また一ヵ月前の四月には、海外留学灯台業伝習生規則が定められて、翌年三月から始まった留学制度によって、修技校生も派遣された（修技校は明治七年一月に工学寮に併合される）。

佐野は明治四年八月七日に工部少丞となり、続いて同月十五日に工部大丞兼灯台頭《とうだいのかみ》に任命された。この日、工部省に工学、勧工、鉱山、鉄道、土木、灯台、造船、電信、製鉄、製作の一〇寮と測量司が置かれ、灯明台掛は灯台寮に昇格した。

日本最初の洋式灯台は、明治二年（一八六九）一月に点灯を開始した観音崎灯台であり、幕末に来日したヴェルニーを首長とする横須賀製鉄所のフランス人技術者により建設された。これは製鉄所への航路標識として、野島崎、品川、城ケ島の各灯台とともに設置された。

これより先、幕府はイギリス公使パークスを通じて、イギリスへ灯台機器類の購入と灯台建築技師の雇い入れの斡旋を依頼していた。イギリス商務省よりの依託で、北部灯台委員会技師スチブンソン兄弟が選んだリチャード・ヘンリー・ブラントンが日本の灯台建設のために、慶応四年（一八六八）八月八日に来日した。ブラントンはもと鉄道技師であったので、来日前に灯台建設に関する知識を習得した。来日後は、すでに決定していた灯台の設置予定場所の視察をまず行い、灯台建設に関する建議書を日本政府に提出したのち、次々と灯台の建設を実施していった。佐野が灯明台掛の担当となった明治四年五月には、すでに樫野崎《かしのざき》、神子元島《みこもとじま》、剣崎《けんざき》などの灯台が点灯を開始していた。

ブラントンとの交流

ブラントンは日本における灯台建設の体験を手記に残していて、そのなかに佐野も登場する。ブラントンは、日本人のスタッフがたびたび代わり、しかも役人の態度が気に入らないことが多かったなかで、佐野については次のように評価している。

幸運なことには、佐野という人物が工部省灯台寮の長（灯台頭）に任命された。彼は私の日本での勤務の前半の終わり、すなわち、イギリスへの休暇旅行から帰るまでその職にあった。彼は常に温和で思慮のある態度と、高い理想と寛容な情操の持主であった。この真《まこと》のサムライと交際した月日は喜悦を抜きにして回想することができない。事実彼は命令を出すときには、常に自分の立場を主張して私の希望に反駁《はんばく》するが、しかしそれは物静かで、かつ威厳のある態度で主張し、議論をする。（R・H・ブラントン著『お雇い外人の見た近代日本』）

しかし二人の間にも見解の相違から摩擦が起きたことがあったという。たとえば、瀬戸内海に灯台を増設のため一緒に視察に行くようにしたところ、佐野が反対したこと、灯台に必要な物資を一年分貯蔵すべきとしたのに、佐野は半年分で十分と考えたことなどである。結局ブラントンの主張の方が通っているが、ここにも政府側の責任者とお雇い外国人との行き違いが見られる。ブラントンの手記はその後の佐野にもふれている。

彼は善良な心と良き理性の持主である。彼が灯台寮に関係した数年後に私及び他の日本政府雇いの外国人を東京のある役所の宴会に招待した。席に着く前に彼は我われを一方に集め、自分の無知から私の願望を妨げ、私の企画の進捗の妨害になったことを大っぴらに詫びた。彼は自分の誤解がいかに大きかったかを認識したのである。一八七七年（明治十年）薩摩の反乱の終期に博愛社を創設し、幾つかの病院を設けて、日本の歴史上最初に敵の負傷者や病人を収容して治療し、国民を驚かせたのはこの人物であった。この博愛社は後に赤十字社に発展した。佐野の精神は、文明国の中にあっても洗練され高貴なものであった。（ブラントン著、右同書）

佐野は明治五年（一八七二）二月二十日に博覧会御用掛《がかり》兼務を任命され、ついで五月二十五日に澳国《おうこく》博覧会理事官兼務、十月二十七日に博覧会事務副総裁兼務となって、多忙を極めていき、翌六年一月十七日に灯台頭の方の兼務を解かれた。したがって灯台頭在任中に建設された灯台の数はさほど多くはないが、明治四年八月に石廊崎、十月に佐多岬、同四年七月に伊王島、九月に安乗崎などの各灯台が点灯を開始した。明治五年六月には明治天皇が本州西端の六連島灯台に行幸されている。また明治四年十二月には横須賀造船所所管の観音崎など四灯台が灯台寮に移管された。佐野が在任中に着工した菅島、御前崎、犬吠埼の各灯台も、彼がウィーン万国博覧会に派遣されている間に点灯した。

ブラントンは、明治六年に契約満期となったが、灯台建設続行のため、さらに三年延長して、明治九年（一八七六）三月まで在職し、任期中に二〇以上の灯台を完成させた。彼はそのほかにも、横浜の都市づくりに関わって上下水道、運河、鉄橋、公園、街路などの近代化に多大の貢献をしたことで知られている。

再度の万国博覧会

明治六年（一八七三）五月一日から十一月二日まで、オーストリアの首都ウィーンのプラーター公園で万国博覧会が開催され、日本政府は発足以来はじめて公式に参加した。このとき、現地へ派遣されて実際の責任者となったのが、佐野常民である。

明治四年（一八七一）二月にオーストリア公使から万国博覧会に参加の勧誘を受けた政府は、その年の十二月に参議大隈重信、外務大輔寺島宗則《むねのり》、大蔵大輔井上馨《かおる》を博覧会事務取扱に命じて準備を始めた。翌五年二月二十日には佐野も博覧会御用掛に任命され、さらに五月二十五日博覧会理事官を命じられた。かつてパリ万国博覧会に参加した実績が認められたのであろう。

佐野は六月に太政官正院へ「参同目的」を上申した。このなかには、物産を展示するだけでなく、この機会を利用して技術伝習生を派遣し、専門の技術を学ばせること、日本にも博物館を創設し、博覧会を開催する基礎を整えることなどが述べてあった。

各国ノ列品ト其《ソノ》著説トヲ詳密点見シ、又其品評論説ヲ聞知シ、現今西洋各国ノ風土物産ト学芸ノ精妙トヲ看取シ、機械妙用ノ工術ヲモ伝習シ、勉《ツト》メテ御国学芸進歩物産蕃殖ノ道ヲ開候様可致《イタスベキ》事（第二目的）

此好機会ヲ以テ、御国ニ於テモ学芸進歩ノ為ニ不可欠ノ博物館ヲ創建シ、又博覧会ヲ催ス基礎ヲ可整《トトノエルベキ》事（第三目的）

この上申書のなかで佐野は、伝習生として工業を学ぶ学生と職工ら七〇名の派遣を希望したが、正院での審議で学生の派遣は認められなかった。十月二十七日には大隈重信が博覧会事務総裁、佐野常民が同副総裁に任命され、両名のうち佐野がウィーンへ赴くこととなった。

佐野は出発前の明治六年（一八七三）一月二十五日に正院に宛て、国内で明治十年に大博覧会を開催すべき旨の上申をした。博覧会を開けば、見学者の「知覚ヲ開明シ」、学術や工業の発達のうえにも有益であり、また外国人も来日して日本の国産品を批評するから、商人や職工の工夫と考案を促して、輸出品の増加にもつながるというのが、その主旨であった。さらに東京府下にまだ公園の設備がないから、博覧会場を公園にあて、閉会後もその公園内に永設の博物館を置くことを提案した。

明治六年一月三十日に一行七〇余名のうちの大部分が、オーストリアへ向けて横浜港を出航したが、佐野はまだ出発せず、三十一日にオーストリアとイタリア両国の弁理公使の兼務を命じられた。二月十日には次のような勅旨を賜り、佐野は責任の重大さを感じた。

（前略）夫《ソ》レ此事務ニ於ルヤ諸学術及ヒ百工技芸ノ講究ト、国産ヲ増殖スルノ基本ヲ立ツルトニ関係スル一大事業ナルコトヲ知レ、朕《チン》汝ニ相当ノ権ヲ与ヘ凡《オヨ》ソ此一行ノ官員及ヒ外国人其他商賈《シヨウコ》職工ヲ指揮誘導セシメ、澳地利洪葛利《オーストリアハンガリー》政府ノ博覧会事務総督ト会合商量セシメントス。汝常民其レ能ク朕カ委任スルノ趣旨ヲ担当シテ朕カ期スル所ヲ達セヨ（後略）

二月二十日に、佐野とお雇い外国人ゴッドフリート・ワグネル（ドイツ人）ら残りの数名が出発した。明治元年（一八六八）に来日したワグネルは、前述のように有田で陶磁器の技術指導をしたのち、東京の大学南校、東校の教師となったが、万国博覧会に参加のため、佐野が工業化学に通じた彼を同行者に推薦したのである。ワグネルは、政府として初

図5　ウィーン万国博覧会に派遣された一行
前列中央 佐野常民(有田町歴史民俗資料館所蔵)

参加の日本のために出品物の選定や技術伝習などに尽力し、佐野の良き助言者となった。また一行に加わったアレキサンダー・シーボルトとハインリッヒ・シーボルトは、幕末に長崎のオランダ商館の医師として来日し、鳴滝《なるたき》に開いた塾で西洋医学を教えたフィリップ・フランツ・フォン・シーボルトの長男と次男である。この兄弟は、のちに佐野らが創設した博愛社のために協力をしている。

ウィーン万国博覧会の開会

先発の一行は三月末にウィーンに到着し、さっそく出品物の準備や、屋外に設置した日本庭園、神社、売店の準備にとりかかった。四月十四日に遅れて到着した佐野も、毎日早くから会場に現れて、展示の指揮監督に多忙を極めた。

五月一日に開会式があり、オーストリア皇帝フランツ・ヨーゼフと皇后エリザベートが諸国の展示物を見学された。この博覧会は、皇帝の治世二十五周年を記念して開催された。同月五日に再び皇帝と皇后が来場されたが、日本の庭園と建造物は未完成で、大工や庭師が忙しく働いていたので、その様子を興味深く視察され、帰りに佐野にお言葉を賜った。特に皇后は、大工が鉋《かんな》で巧みに木材を削るのに驚かれ、鉋くずの持ち帰りを所望されたという有名なエピソードがある。

五月一日博覧会ヲ開キ、（中略）墺帝《オウテイ》ハ后トトモニ諸国ノ王子侯伯及ビ其妃ヲ伴ヒ長廊ヲ巡リ列品ヲ観ル、我国ノ区ニ至ツテ止リ視ルコト尤《モット》モ多シ。（中略）同五日墺帝再ビ后ト共ニ花卉《カキ》展覧ノ場ニ至ル、此日コトサラニ本邦ニテ建築シタル園ニ遊ビ、神宮屋舎ヨリ草木等及ビ大工、屋根師、庭作リノ作業スル処等仔細ニコレヲ見ルコト久シ、帰ルニ及ンデ副総裁佐野常民ニ謂テ曰《イワク》、貴邦ノ経営スル処、殊ニ清雅頗《スコブ》ル慰ムニ堪タリ、且《カツ》職工ノ勉励ナル、伎倆ノ精妙ナル、他邦ノナキ処、大ニ我民ノ裨益《ヒエキ》トナスニ足ル、朕甚《チンハナハダ》之《ノ》ヲ謝スト演ベラレタリ。（『新聞雑誌』第一一〇号、明治六年七月）

この万国博覧会のために、日本各地から選《え》りすぐった物産が集められ、ウィーンへ送り出す前に東京の湯島聖堂で国民に公開された。これが日本で最初の博物館に発展したのである。

会場の中心の本館の一部に日本の展示場があり、入り口に名古屋城の金の鯱《しゃちほこ》、和紙をはり重ねた上に漆を塗った鎌倉の大仏の頭部の模型（実物大）を置き、当時の日本の技術を示す手工業品や美術工芸品を多数陳列して、日本文化の紹介に努めた。日本の出品物は予想以上に好評で、イギリスのある会社からは、会場に建設した神社や売店などを買い取り、そこで日本の物産を販売したいという申し込みがあったほどである。博覧会事務局は、建物の売り渡しには応じたが、物産の輸出には、それを代行する貿易会社を新設させることにした。事務局の随行員であった松尾儀助（佐賀出身）らによって起立《きりゅう》工商会社が博覧会のなかで設立され、博覧会事務局の管理のもとに置かれた。同社はその後の万国博覧会と内国勧業博覧会に出品を続け、日本の工芸品の紹介と輸出に尽くした。

六月三日には米欧諸国を訪問中の岩倉使節団一行がウィーンに到着し、半月の滞在中に万国博覧会を見学した。この使節団の一員で、帰国後に『米欧回覧実記』を著した久米邦《くめくに》武《たけ》（佐賀出身）は、この会場の状況を詳細に記録し、日本の出品物についても感想を述べている。

我日本国ノ出品ハ、此会ニテ殊ニ衆人ヨリ声誉ヲ得タリ、是其一ハ其欧洲ト趣向ヲ異ニシテ物品ミナ彼邦人ノ眼ニ珍異ナルニヨル。（『特命全権大使米欧回覧実記』）

また当時フランス留学中でジュネーブに滞在していた大山巌《いわお》も、山県陸軍大輔からウィーン万国博覧会を見学することを命じられていたので、岩倉大使一行をジュネーブに迎えたのち八月から十月にかけて、二十数回も会場に赴いている。この間に、佐野と同行したこともあった（『元帥公爵大山巌』）。

赤十字の広がりを知る

前回のパリ万国博覧会（一八六七年）で赤十字展示館を見学して、赤十字の存在を知った佐野は、今回も会場で赤十字に関する知見を広めた。ウィーン万国博覧会では赤十字展示館は設置されなかったが、各国の展示のなかに赤十字に関する出品物があり、国々で赤十字事業が広がっているという印象を受けたのである。また普《ふ》仏《ふつ》戦争（一八七〇年）など外国の戦時における負傷者救護の実際も見聞した。

明治六年即チ西暦千八百七十三年、余ノ朝命ヲ奉ジテ澳国大博覧会ニ参同スルヤ、孛仏大戦ノ後ニ会セシヲ以テ、当時負傷者救治ノ事跡《ジセキ》ヲ問フニ、（中略）澳国貴族救護社ニテハ此大戦ノ実験ニ由リ大ニ規則ヲ改良シ、益《マスマス》平時ノ準備ヲ修メテ以テ事業ノ拡張ヲ謀レリト云フ。（明治十五年六月の博愛社社員総会における佐野の講義）

当時の佐野が注目したのは、赤十字の組織が各国の有志者によって創始され、政府がこれを認めてジュネーブ条約に加入し、成立したことであった。時の政府と国民とが相応じたからこそ、万国が連合して敵味方を問わず救護する事業が起こったのであり、その源は人の至性（至誠）に基づくと、彼は説いている。

そのあとに、当時の印象を述べた佐野の有名な言葉が続いている。

当時余ハ以為《スベカラ》ク文明ト云ヒ開化ト云ヘハ、人皆直ニ法律ノ完備、若《モシ》クハ器械ノ精良等ヲ以テ之ヲ証　憑《シヨウヒヨウ》　ト為スト雖《イエド》モ、余ハ独《ヒトリ》該社ノ此ノ如ク忽《タチマ》チ盛大ニ至リシヲ以テ、之カ証憑トナサントス。（右同）

人々は文明開化の象徴として、法律の完備や機械の発達をあげるが、佐野は赤十字のような人道的国際組織の発展こそ、文明進歩の証拠と考えたのである。

佐野は帰国後に、日本でも赤十字の組織が必要なことを陸軍省へ提案したといわれるが、それに倣《なら》った組織として、博愛社が佐野ら同志者によって創設されるのは、ウィーン万国博覧会から四年後の明治十年（一八七七）五月のことである。

イタリアへ

イタリアの弁理公使を兼任していた佐野は、博覧会の会期中は多忙のため行けなかったので、終了後の明治七年一月十日にイタリアへ赴き、三月まで滞在した。このときに随行した事務官の平山成一郎（成信《しげのぶ》）は、のちに日本赤十字社の副社長を経て第五代社長に就任した人で、佐野との縁故はこの博覧会から始まっていた。

平山成信がのちに著した『昨夢録《さくむろく》』によれば、平山はローマで熱病に罹かり、佐野の手厚い看護を受けたという（同書「伊国紀行」）。ポンペイの遺跡見学は印象深かったようで、噴火により埋没していた建物や掘り出された物品、粘土で復元した死者の模型などを説明している。このとき佐野が同行したか否かは不明だが、もし同行していたならば、自然災害の恐ろしさを感じとったことであろう。ローマを去る前の三月五日にはローマ法王と会見し、別れの挨拶をした。

ウィーンに帰ると、今度は佐野が肝臓病に罹かり、医者の勧めで温泉地のカルルスバットへ転地することになり、平山が随行した。静養の目的で行ったのに、佐野は付近の陶器やガラスの工場を視察していたので、回復が遅れ、再びイシルで静養の後、ようやくウィーンを出発して帰途についたのは十月二十一日であった。その途中にスイスのジュネーブに立ち寄り、時計工場を視察したというが（『昨夢録』）、平山は随行していないので、ジュネーブでの佐野が赤十字との接触をしたかどうかは不明である。

佐野の提案により派遣された技術伝習生たちは、博覧会の合間に各地の学校や工場で伝習を受け、帰国後は日本の工芸、工業の発達に寄与している。官命を受けた伝習生二七名のほかに、自発的に技術伝習を受けた者もいた。陶器の伝習生であった納富《のうとみ》介次郎（佐賀出身）は、帰国後に最も技術の普及に努めた人で、江戸川製陶所の場長になったのち、石川、富山、香川、佐賀の各県で工業学校または工芸学校の創設に関わり、後進の育成にあたった。

工業品の標本も多く収集したが、これを積んだフランス船ニール号が伊豆半島の妻良《めら》沖で沈没したため、その大半を失った。しかし一部は引き揚げられて伝世している。名古屋城の金の鯱も、同船とともに沈んだといわれたが、その重量が重かったため、香港で別の船に積んだので難を逃れた。

『澳国博覧会報告書』

帰国した佐野は、博覧会報告書の編集、持ち帰り物品や機械の整理、伝習技術の実地実験などに没頭した。明治八年（一八七五）中に刊行された『澳国博覧会報告書』は、十数部門に類別され、各部門の冒頭に佐野の報告意見書を掲げてあり、さらに各自の見聞報告や伝習記録、入手した文献の翻訳文など、合わせて一〇〇編ほどに及んでいる。次にあげるのは、佐野の記述した報告意見書の題名である。

議院開院式ノ報告書（議院部）
博物館創立ノ報告書（博物館部）
道路開修ノ方制報告書（道路部）
蚕業織物勧興ノ報告書（蚕業部）
兵制皇張ノ所見報告書（兵制部）
礼法設定ノ報告書（礼法部）
農業振起ノ条件報告書（農業部）
山林管制ノ趣旨報告書（山林部）
教育普施ノ方案報告書（教育部・学制部）
博覧会報告上呈ノ申牒（博覧会部）

鉄路布置ノ目的報告書（鉄路部）　貿易通盛ノ要旨報告書（貿易部）
風俗制度ノ概要報告書（制度部）　国勢表記ノ施設報告書（国勢部）
教法利害ノ沿革報告書（教法部）　航海造船報告書（雑部）
工業伝播ノ報告書（雑部）

いずれの記述も、ヨーロッパの実情を詳細に検討したうえで、今後の日本に必要な要件を上申したもので、その博識ぶりを知ることができる。たとえば「博物館創立ノ報告書」では、視覚教育の重要性を説く有名な語句が見られる。

博物館ノ主旨ハ眼目ノ教ニヨリテ人ノ智巧技芸ヲ開進セシムルニ在リ、夫《ソレ》人心ノ事物ニ触レ其感動識別ヲ生ズルハ、眼視ノ力ニ由ル者多ク且《カツ》大ナリトス。（中略）古人云フアリ百聞一見ニ如カズト、人智ヲ開キ工芸ヲ進マシムルノ最捷径《ショウケイ》最易方ハ此眼目ノ教ニ在ルノミ、是即チ近時欧洲各国争テ博物館ヲ建設シ、宇内万邦ノ珍器要品ヲ展列シ人民ノ縦覧ニ供シテ以テ之ヲ勧導鼓舞スルノ原因タリ。

佐野は代表的な博物館として、イギリスの「サウツ、ケンシントン」博物館（現、ヴィクトリア・アルバート博物館）をあげている。これは同館が「智学芸術ノ学校」を付設し、「工商ノ事業ヲ勧奨」しているからで、日本でも東京に大博物館を創設し、「勧業伝習場」

を付属させることを提案している。また博物館の周辺は公園とし、そのなかに動物園と植物園も設置することや、国内で大博覧会を開催する計画にも言及している。

又館ノ周囲ヲ以テ広壮清麗ノ公園トシ、動物園ト植物園トヲ其中ニ開キ、此ニ遊ブ者ヲシテ啻《タダ》ニ一時ノ快楽ヲ取リ其精神ヲ養フノミナラズ、旁《カタワ》ラ眼目ノ教ヲ享《ウ》ケ識ラズ知ラズ開智ノ域ニ進ミ其中ニ慣染《カンセン》薫陶セシメバ、則《スナワ》チ博物館ヲ目シテ普通開化ノ学場トナスモ豈誣《アニシイ》ルトセンヤ。

また「山林管制ノ趣旨報告書」では、山林保護の必要性を指摘している。

山林ノ多寡ハ天ノ雨旱寒暖地ノ燥湿肥瘠大気ノ清汚ニ干係シ、世間需要物ノ匱足《キソク》ヨリ人民ノ健否《ケンピ》邦家ノ貧富ニ至ルマデ之《コレ》ニ由《ヨ》ルモノ多ク、ソノ利害勝《ア》ゲテ算スベカラズ、而シテ樹木ナルモノハ斬伐ニ易《ヤス》クシテ植成ニ難《カタ》シ、是山林ノ最モ保存修理セザルベカラザル所以《ユエン》ナリ。（後略）

佐野は明治初年に、政府が官林伐採の自由を認めたのに対して、山林保護の重要性を上申し、政策を改めさせた経験があり、その一件にも言及している。

臣往年任ヲ工部ニ辱《カタジケナ》フスルノ日、政府、官林ヲ士民ニ売与シ斬伐其意ニ任カスノ令アリ、当時臣ソノ国家経済上ニ干スルノ重ヲ察シ、東校ノ教官学士ワグネル氏ノ説ヲ質シ卑見ヲ並《アワ》セテ上奏シ、ソノ弊害ノ重大ナルト之ヲ防クヘキノ事理方法トノ概略ヲ陳セリ、政府亦《マタ》之ニ見アリ尋テ其令ヲ改メリ。

「教育普施ノ方案報告書」では、就学前の童子を教育する童子園の設置や、成人学校の必要性を述べている。

童子園ノ利ハ又父母児子ヲ看護スルノ暇ナキ者モ安ンジテ其業ヲ営ミ、併セテ其子ヲシテ教育ヲ受ケ、遊優懶惰《ランダ》ノ風ヲ去テ、勤勉操作ノ習ニ就カシムルヲ得ルニ在リ。（中略）温習成人学校ノ如キハ最モ今日ニ緊要ナルモノトス、我国人少成ニ安ンズルノ弊アルハ上ニ論ズルガ如ク、又真ニ継テ学ブニ志アル者ハ其志ヲ達スルノ地ナシ、況《イワ》ンヤ外交ノ開ケル日尚《ナ》ホ浅ク成人以上ノ者概《オオム》ネ宇内ノ事情ニ濶ナリ、故ニ此校ヲ置カバ当《マサ》ニ此諸弊害ヲ救フヲ得ベシ。（後略）

「近世ノ美事タリ」

さらに佐野の後半生と深くかかわるものとして注目されるのは、「兵制皇張ノ所見報告書」である。文化が開けて人は和平を祈るが、戦争がまったくなくなることはない、といい、ただ近年は残酷から寛容の方向へ向かい、ジュネーブ条約の締結は「近世ノ美事」だと述べている。

人文ノ開ルニ随ヒ残酷ノ習ヲ除シテ寛容ノ風ニ趣《オモム》クヤ其徴日ニ多シトス、「ジュネー

ブ」ノ会創者救護ノ約ヲ定メ、「ブリュクセル」ノ議、又交戦ノ規ヲ設ケントセリ、是《コレ》誠ニ近世ノ美事タリ。（後略）

「ブリュクセルノ議」とは、一八七四年にベルギーのブリュッセルで開催された国際会議を指し、陸戦のルールに関する宣言に一五ヵ国の代表が署名したが、批准はされなかった。

この兵制部には「魯国《ろこく》政府万国戦時公法議案」「白国ブリュクセル府戦時公法会議記事」などの翻訳文があり、平山成一郎らが翻訳を担当している。これらの資料により、一八六四年八月二十二日のジュネーブ条約で戦時病院の救護員は中立であり、戦傷者は保護されるということが、日本にも知られる契機となった。すでに博覧会開催前の澳国博覧会事務局の布告文のなかにも、軍事関係の出品物の説明のあとに、戦時救護社の出品にふれた文言がある。

兵卒ノ疾病創傷等ニ罹ルモノヲ救ハント要シ、十年以来有志ノ者社ヲ結ンテ、衛生法ヲ施セリ、是近代ノ戦争ニ於テ著シキ効績アリシモノナリ。（中略）各国ノ衛生物品ヲ比較シ可否取捨シテ以テ此法ヲ一定セント欲ス、是人愛ニ於テ決シテ欠クヘカラザル最切緊要ノ事件ナリ。

ウィーン万国博覧会で学び吸収したものは多大であったが、佐野にとっては赤十字とジュネーブ条約についての知見を得たことが、最大の収穫であったかもしれない。彼はやがて、この報告書刊行の二年後に創設した博愛社の推進力となって、日本のジュネーブ条約加入を実現させ、国際赤十字の仲間入りを果たし、赤十字事業のために後半生を捧げて、日本赤十字社の父とよばれるのである。

元老院議官任命

ウィーン万国博覧会から帰国した佐野は、明治八年（一八七五）七月二日に元老院の議官に任命された。元老院は同年四月十四日に、従来の太政官左院に代わって設置された立法機関である。四月二十五日に定められた「元老院章程」第一条には、「元老院ハ議法官ニシテ新法ノ設立旧法ノ改正ヲ議定シ及ヒ諸建白ヲ受納スル所ナリ」とある。議官（特選・定員なし）は、「勅任官ニ昇リシ者　国家ニ功労アル者　政治法律ノ学識アル者」（第四条）という任官基準により選ばれた（七月二日に皇族華族を加える）。

四月二十五日に最初の議官一三名（勝安房、後藤象二郎、由利公正ら）が任命されたが、五月三十一日に副議長後藤象二郎（議長は空席）からの議官増員の上奏が裁可されて、七月二日に一〇名の議官が新たに任命された。このとき、有栖川宮熾仁《たるひと》親王、大給《おぎゅう》恒《ゆずる》（式部寮五等出仕）とともに、佐野も議官に選ばれたのである。

七月五日に明治天皇親臨のもとに開院式が挙行されたが、元老院の権限の縮小をねらう政府首脳の企てにより、「章程」の改正、会議の見合わせがあり（内会議のみ）、実際に会議を開いたのは、翌年の一月十四日からであった。その前月には議事堂が落成した。元老院はそれより、帝国議会開設を目前にした明治二十三年（一八九〇）十月二十日の廃院までに、議案七五九件、意見書五六件を議決上奏している。

議長は明治九年（一八七六）五月十八日に有栖川宮熾仁親王がはじめて任命された。佐野も明治十四年（一八八一）十月二十一日から副議長、同十五年九月十二日から議長を務めたが、明治十八年（一八八五）十二月二十二日に宮中顧問官に任命されたので、三年にわたる責務を退いた。

この元老院を通じて佐野は多くの知己を得たが、なかでも同じ日に議官となった大給恒は、二年後の西南戦争の際に、協力して博愛社を創設するという重要な関係をもつにいった人である。

大給恒は、明治維新まで松平乗謨《のりかた》といい、三河奥殿藩（現、愛知県岡崎市奥殿町）の第十一代藩主であり、若くして幕府の陸軍奉行に抜擢されている。奥殿藩は本領のほかに信州南佐久にも領地を持っていたため、幕末になって経済的条件の良い南佐久へ本拠を移した。ここで新たに築いた竜岡城《たつおか》（文久三年着工、慶応三年四月竣工）は、外郭が五角形をした洋式城の五稜郭であった。彼は早くからフランス語を習得し、外国文化に通じていたという。函館の五稜郭は有名であるが、もう一つ信州にも、規模は小さいながら同様の城が存在したのである。この幕末最後の城郭である竜岡城の城跡は、長野県南佐久郡臼田町田野口にあり、石垣や堀に往時を偲ぶことができる。

明治維新後に改名し、新政府に出仕した大給恒は、明治七年（一八七四）から帝室賞牌取調掛に任命されて、日本の勲章をつくるための調査を始めた。元老院議官となった翌年の明治九年（一八七六）には、彼の努力で設置された賞勲事務局の副長官となり、ついで同十一年に賞勲局副総裁、明治二十八年（一八九五）に同総裁に就任し、賞勲の基礎づくりに大きな業績を残した。

大蔵卿から枢密顧問官まで

なお佐野は、元老院議官であった明治十三年（一八八〇）二月に、大隈重信のあとをついで大蔵卿に就任し、西南戦争後の財政再建に尽力した。しかし翌十四年十月の政変で大隈重信が参議を罷免されたため、佐野も同郷人として辞職した。明治十八年十二月に宮中顧問官になったのち、明治二十一年（一八八八）には枢密顧問官に任命された。明治二十五年（一八九二）七月に第一次松方内閣の農商務大臣に就任したものの、翌月には内閣が倒れて辞職した。その後は再び枢密院に入った。

こうして明治初年以来、政府の中枢においてさまざまの活動をしたのであるが、西南戦争が勃発した明治十年以後は、佐野に新たな使命が加わった。すなわち戦争のなかで博愛社という救護組織を創設し、一〇年後には、それを前身とする日本赤十字社の初代社長となって、国際的な救護組織を統率するという重大な使命であった。しかもそれは、報酬を伴わないまったくの奉仕活動であった。官職と並行しながら、その事業を成し遂げていった佐野の後半生を次に見ていくことにしよう。

日本赤十字社の設立

博愛社の設立

西南戦争の勃発

佐野がヨーロッパ滞在中に、国内では佐賀の乱（明治七年〔一八七四〕）が起こり、その後も萩の乱（明治九年〔一八七六〕）、熊本神風連《しんぷうれん》の乱（同年）など、政府に不満をもつ士族らの抵抗が見られ出した。

明治十年（一八七七）二月にはついに西南戦争が勃発した。二月十五日の先発隊を最初として続々と鹿児島から北上した薩摩軍は、同月二十一日から政府軍と熊本城の攻防戦を開始した。これより先の十九日には熊本城から出火して、天守閣は焼失し、城下町の大半も城兵の手によって焦土と化していた。うち続く激戦のなかで、天下の名城といわれた熊本城の守りは固く、両軍の死傷者は増加するばかりであった。

熊本城の攻防と同じころ、城の北方の田原坂《たばる》でも激戦が三月四日から二十日まで続いた。かつて熊本城を築いた加藤清正は、北から熊本城に入る道を田原坂経由の一本にしぼった。北の玉名平野と植木台地を結ぶ田原坂は、蛇行した凹道が通り、「守るに利ありて、攻むるに甚ハだ不利なる所」（『東京日日新聞』明治十年三月十四日）で、別名を腹切坂といった。「越すに越されぬ田原坂」に保塁を築いた薩摩軍のために、博多から籠城軍のいる熊本城へ向かう政府軍は、苦戦を強いられ、ここを突破するまでに、双方に多数の死傷者が続出するありさまとなった。しかし三月二十日には政府軍が田原坂を陥落させ、敗れた薩摩軍は四月十四日に熊本城の包囲も解き、その後は敗退の一途を辿《たど》っていった。

西南戦争の開始とともに新聞紙上には戦いの状況がしばしば報道された。犬養毅《いぬかいつよし》（『郵便報知』）、福地源一郎（桜痴《おうち》、『東京日日』）などの従軍記者が、戦地のなまなましい状況を刻々と報告していたのである。なかでも死傷者が多数にのぼった田原坂の激戦で、死傷者が山野に放置されているという報道は、人々の胸に戦場の悲惨さを思い知らせた。

三月十四日高瀬発　戦報採録　福地源一郎

（前略）既に僕が見たる内に、賊も官兵も斃《たお》れるもの数人ありき。双方の砲台の凹き処に敵味方の死骸数個横たハりぬ。この死骸を取り入れんとて、味方出れバ敵より之を撃ち、敵より出れバ味方より討つゆゐるに、両三日以来互ひにそのままにていまだ取入もできずと云へり。（中略）五時ごろに二俣の山を降りて木の葉に帰り見れば病院（寺なり）より高瀬に送り出す手負ひハ引きも切らず。（『東京日日新聞』明治十年三月二十四日）

また当時、陸軍第一旅団主契（会計部長）であった川口武定が記した『従征日記』の三月八日の項には、負傷者の対応で休む暇もないありさまが記してある。

是ノ日死傷頗ル夥《オビタダシ》ク、（中略）纔《ワズカ》ニ傷者ヲ繃帯シテ大繃帯所ニ送レハ、傷者又至ル、此ノ如ク絡繹《ラクエキ》絶エス、医官等ヲシテ一喫煙ノ暇無カラシム。

『軍団病院日記抄』の三月六日の項にも、田原坂に近い高瀬に激戦の負傷者二〇〇人余が運ばれ、数ヵ所の寺院に収容したことが記録されている。負傷者は小繃帯所から大繃帯所を経て病院へ送られ、さらに長崎・福岡の軍団病院、大阪の鎮台病院へと移送された。

この年の一月以来京都に滞在中の明治天皇は、三月三十一日に大阪の鎮台病院の負傷者を見舞われ、皇太后と皇后は手製の綿撒糸《めんさんし》（ガーゼ）や見舞い品を送り、傷病者の看護に手を尽くすようにいわれた。

三条と岩倉の檄文

この皇室の恩恵に感激して、華族も救護に力を貸そうと考えたのが、太政大臣三条実美《さねとみ》と右大臣岩倉具視《ともみ》であった。彼らは、当時の上流階級である華族たちに檄文《げきぶん》を送り、自分たち華族は天皇の近くにいる者として徒食している時ではなく、衆に先んじて金品を送り、国恩に報ずるべきであると提案した。この檄文は新聞紙上にも掲載された。その文中に、クリミヤ戦争時のロシア皇后とイギリスのナイチンゲールの、救護活動の事例があげてあるのは注目される。

前年土魯《ロ》兵ヲ構へ英仏師ヲ出シテ土《（トルコ）》ヲ援クルヤ、連歳ノ戦将士ノ創傷ニ罹ル者甚多シ、時ニ魯后親《シタシ》ク病院ニ臨ミ、懇《ネンゴロ》ニ其痛苦ヲ問ヒ且《カツ》厚ク物ヲ給ス、又英国ノ婦人某氏ハ金銀衣物ヲ富豪ニ醵シ、貴族ノ孀婦《ソウフ》処女ヲ募リ相率テ遠ク土国ニ赴キ、軍中ニ就テ看護ヲ為シタリ。（中略）又近時孛《（プロシア）》仏ノ戦ヲ開クニ方《アタ》リ、両国ノ皇后屢々《シバシバ》軍陣ニ就テ創者ヲ親問セシニ、両国ノ将士唯進死ノ栄タルヲ慕フテ、退生ノ辱タルヲ知ルニ至ルト、欧人誇テ以テ美談トナス。今我両后宮ノ此恩令アルモ、彼各国后ノ為ス所ト其旨符節ヲ合スカ如シ、苟《イヤシク》モ人心アル者之ヲ拝承シテ感奮激励シ各其義務ヲ尽サンコトヲ思ハサランヤ、且夫《ソレ》華族タル者ハ士民ノ上ニ位シ天皇ノ殊眷《シュケン》ヲ辱《カタジケナ》クシ、今日ノ際徒《イタズラ》ニ褕衣《ユイ》甘食スルノ時ニアラス、宜《ヨロシ》ク衆ニ率先シ報効ヲ図ルヘキハ固《モトヨ》リ論ヲ俟《マ》タス。

（後略）（『岩倉公実記』下巻）

実は岩倉は、明治六年（一八七三）に岩倉使節団の団長として訪欧の際に、スイスのジュネーブで伊藤博文とともに赤十字国際委員会のギュスタフ・モアニエに会い、赤十字事業についての説明を受けていたのである。ここで彼は改めて在日中のアレキサンダー・シーボルトに、外国での救護団体の結社について質問し、「シーボルト氏貴族社会概説」という別紙をも華族たちに送付した。のちのシーボルト書簡（岩倉宛て、一八七七年十二月）にも、そのことが記されている。

回顧スレハ今春四月、閣下戦争ノ際病痾《ビヨウア》ニ罹リ瘡傷《ソウシヨウ》ヲ受クルノ患者ヲ鞠養《キクヨウ》スルノ一社ヲ起サントシ、乃チ《スナワ》欧州ニ於テ之カ為メニ設立スル貴族会社ノ制ヲ査問セラル。

（後略）（『鳴滝紀要』第二号）

このヨーロッパの「貴族会社」は、「帝国ノ難ニ際シ戦争アルニ方《アタリ》テ其死傷将卒ヲ救助看護スル」ことを目的とし、社員は戦地または病院で救護に従事すると説明されていた。アレキサンダーは、前述のように幕末に長崎のオランダ商館の医師として来日したフィリップ・フランツ・フォン・シーボルトの長男で、当時大蔵省のお雇いであったが、母の死去の知らせを受けて帰国することになったので、救護団体の調査には弟のハインリッヒも加わった。

岩倉はこの前年に発足した華族の宗族制度の中心にいた。かつての公卿や大名を統合した華族を、血統別に類別したのが宗族制度であり、岩倉は華族会館を創設して、そのなかの部長局の督部長という地位にいたから、ここで華族を結集して、その存在を世に示そうとしたとも見られる。

博愛社設立願書の提出

同じころ佐野常民も、救護団体の設立を考えていた。負傷者続出の報に心を痛め、皇室の仁慈に感激した彼は、今こそヨーロッパで見聞した赤十字事業を日本でも実現する時だという思いを、強くしたのである。すでに外科医ではないが、その修業中に適塾で師の緒方洪庵から教えられた「不治《ふじ》の病者も……棄てて省《かえり》みざるは人道に反す」という人命尊重の精神を忘れなかった。田原坂はまさに、デュナンが最初の救護を行ったソルフェリーノの戦いと同じく負傷者であふれ、救いの手を待っている。それを見過ごすのは人道に反すると考えた佐野は、岩倉に救護団体の創設を申し出た。

あたかも時を同じくして、同じ元老院議官の大給《おぎゅう》恒《ゆずる》も、同族（松平家）十三家の長として、外国の王室や貴族のように救護社を設けて、救護の手を差しのべることを岩倉に申し出た。岩倉を通じて二人が同じ志をもつことがわかり、ただちに会談をした佐野と大給は、救護団体の名称を博愛社とし、四月六日に右大臣岩倉具視あてに、連名の設立願書と社則を提出した。博愛社という名称は、中国唐代の著名な詩文家である韓愈《かんゆ》（韓退之《かんたいし》）の『原道《げんどう》』の冒頭にある「博愛之謂仁」（博愛之《これ》を仁《じん》という）から採った。『原道』は韓愈の代表的な論文で、冒頭に仁義の解説をしている。提出した四月六日は、元老院の会議が開かれた日であった。

設立願書には、救護団体を設けて、一刻も早く負傷者を救護したいという熱い思いが述べられていた。しかも反乱軍の負傷者にまで、救いの手をのばすことをあげ、先進諸国では戦争のたびに敵味方の別なく救護を行うのが慣習であると、説いている。願書のなかの主要な部分は左のとおりである。

（前略）開戦已来《イライ》既ニ四旬ヲ過キ、攻撃日夜ヲ分タス、官兵ノ死傷頗ル夥多《カタ》ナル趣、戦地ノ形勢逐次伝聞致シ候処、悲惨ノ状誠ニ傍観スルニ忍ヒサル次第ニ候。（中略）傷者ハ痛苦万状生死ノ間ニ出没スルヲ以テ、百法救済ノ道ヲ尽スコト必要ト被存《ゾンゼラレ》候。（中略）私共此際ニ臨ミ数世国恩ニ浴シ候万分ノ一ヲ報シ候為メ、不才ヲ顧ミス一社ヲ結テ博愛ト名《ナツ》ケ、広ク天下ニ告ケテ有志者ノ協参ヲ乞ヒ、社員ヲ戦地ニ差《ツカワ》シ、海陸軍医長官ノ指揮ヲ奉シテ官兵ノ傷者ヲ救済致シ度志願ニ有之《コレアリ》候。且又暴徒ノ死傷ハ官兵ニ倍スルノミナラス、救護ノ方法モ相整ハサルハ言ヲ俟《マ》タス、往々傷者ヲ山野ニ委シ雨露ニ暴《サラ》シテ収ムル能《アタ》ハサル哉ノ由、此輩《ヤカラ》ノ如キ大義ヲ誤リ王師ニ敵スト雖《イエド》モ皇国ノ人民タリ、皇家ノ赤子《セキシ》タリ、負傷坐シテ死ヲ待ツモノモ捨テ顧ミサルハ人情ノ忍ヒサル所ニ付、是亦収養救治致シ度。（中略）欧米文明ノ国ハ戦争アル毎《ゴト》ニ、自国人ハ勿論他邦ヨリモ或ハ金ヲ醵シ或ハ物ヲ贈リ若《モシ》クハ人ヲ差シ、彼此ノ別ナク救済ヲ為スコト甚タ勤ムルノ慣習ニテ、其例ハ枚挙ニ暇アラス候。本件ノ義ハ一日ノ遅速モ幾多ノ人命ニ干《カン》シ即決急施ヲ要シ候ニ付、何卒丹誠《タンセイ》ノ微意御明察、至急御指令被下度《クダサレタク》、仍《ヨッ》テ別紙社則一通相添此段奉願候也。

明治十年四月六日

議官　佐野常民　花押

議官　大給　恒　花押

岩倉右大臣殿

また博愛社社則は五条からなっている。

第一条　本社ノ目的ハ戦場ノ創者ヲ救フニ在リ、一切ノ戦事ハ曾《カツ》テ之ニ干《カン》セス

第二条　本社ノ資本金ハ社員ノ出金ト有志者ノ寄付金トヨリ成ル

第三条　本社使用スル所ノ医員看病人等ハ衣上ニ特別ノ標章ヲ著《チャク》シ、以テ遠方ヨリ識別スルニ便ス

第四条　敵人ノ傷者ト雖モ、救ヒ得ヘキ者ハ之ヲ収ムヘシ
第五条　官府ノ法則ニ謹遵《キンジュン》スルハ勿論、進退共ニ海陸軍医長官ノ指揮ヲ奉スヘシ

実は右の願書のほかに、もう一通の連名の願書をも同日に提出していた。これには、両人のうち一人が、お雇い外国人で東京医学校（東京大学医学部の前身）外科教師のシュルツェを伴って戦地へ行き、救護に従事したい旨が記されていた。シュルツェは、リスター式消毒法を日本に最初に紹介したドイツ人医師である。さらに大給は個人の名目で、華族会館督部長の岩倉宛てに別の一通を加え、かねて同族から「負傷者手当」として華族会館部長局へ差し出した金額の一部を、博愛社の救護事業に使わせて貰いたい旨を願い出た。

しかし、博愛社設立はすぐには認可されなかった。願書と社則のなかに、敵兵の救護が明記してあるのが、太政官で問題視されたといわれる。また東京に残る岩倉が、同じころに救護団体をつくる計画をもっていたのに、博愛社設立が問題となったのは、賊軍すなわち天皇に刃向う者を助けるという点が、理解されなかったからだといわれる。だが後述のように、これには陸軍内部の意見が強く反映していたと考えられる。

佐野と大給は、すぐにも設立が許可されると思い、次の段階の活動を進める準備を始めていた。願書提出の翌日の七日に佐野は、元老院幹事と右大臣（岩倉）に宛てて「戦地出

張賜暇願」を提出した。それには、戦地救護のための結社の活動を行ううえで、社員を統率する必要があるので、五〇日間の休暇を賜りたいという趣旨が記してあった。

昨六日議官大給恒連署ヲ以テ戦地創傷ノ者治療看護ノ儀相願置候。(中略)小宮家ノ儀ハ累世《ルイセイ》医術ヲ業トシ、就中《ナカンズク》外科ヲ専門ト致シ候ニ付、長崎県下ニ於テ門下故旧モ不少《スクナカラズ》、右ノ者共ヘ這回《シャカイ》申請ノ旨趣篤《トク》ト説諭仕候ハハ、奮励此挙ヲ協助可致ト推考仕候ニ付、一時右ノ者共ヲ招集シ、兼ネテ上申仕候通、文部省御雇外科医官ニ随従為致《イタスタメ》、尚広ク同志ヲ募リ、小官不肖ニハ候ヘ共自身戦地ニ出張、社則ニ依リ諸般監督致度《イタシタク》、(中略)往復ヲ除キ日数五十日間御暇被差許度、(後略)(『元老院日誌』明治十年四月、第二九〇号)

当時の元老院議長の有栖川宮熾仁《たるひと》親王は、一月以来明治天皇に供奉して京都に滞在し、戦争勃発後は征討総督として九州へ赴いていた。

九州へ行く　この願書に対する返答は無く、十日になって突如として佐野に、「御用有之九州筋へ被差遣候事」という辞令が出た(『元老院日誌』第二九八号)。このため博愛社設立許可を得ないままに佐野は、十二日に九州へ向けて出発した(『元老院日誌』第三〇四号)。

佐野が出発して一週間後の四月十九日に、陸軍卿山県有朋《ありとも》の代理である西郷従道《つぐみち》が、右大臣岩倉宛てに、

「議官佐野常民大給恒博愛社設立出願之儀御下問ニ付意見上申」

を送った。これには、今般の戦いは国内のことで、他国との戦いではなく、軍事病院や医官、看病人卒は適当に整い、治療には差し支えないから、いま新たに救済の人員が戦地へ派遣されても、混雑を招く恐れがある、捕虜の傷者も病院で治療している、結社の儀は善良といえども、実際上の整備は予《あらかじ》め平常に準備しておかねば実現し難い、という意味のことが述べてあり、そうした意見が陸軍省内部に出ていたことが知られる。それを受けて、岩倉は四月二十三日に先の願書を却下した。西郷従道は隆盛の実弟で、山県が九州へ赴いたあと陸軍卿代理を務めていた。

ちょうどそのころ佐野は京都に立ち寄り、同地に滞在中の明治天皇に従っていた政府要人らに再び願書を提出していた。しかしここでも趣旨は受け入れられなかった。だが、九州の征討総督有栖川宮に願い出ることをすすめる人もあった。

神戸から海路で九州へ向かった佐野は二十九日に長崎に到着し、五月一日に熊本へ向かって出発した（『元老院日誌』第八三七号、戦地出張奏任官以上出張地名帰京月日等の調査によ

る）。前述のように熊本城の天守閣やおもな櫓《やぐら》は二月十九日に焼失し、城下の町家も兵火のために焦土と化していた。佐野の少し前の四月二十四日に熊本城下に入った『従征日記』の著者川口武定は、その印象を次のように記している。

熊本城下ニ抵《イタ》ル、一望皆ナ兵燹《ヘイセン》ニ罹リ、灰燼ノ余、目ニ触《フレ》ルモノハ唯、焦黒ノ樹木ト瓦礫石礎ノミナリ、景況粛然、観《ミ》ルニ堪ヘス。（『従征日記』巻三）

征討総督有栖川宮は、四月十七日に高瀬（田原坂の近く）から熊本城内に本営を移していた。『熾仁《たるひと》親王日記』四月十七日の項に、「本営ハ旧藩中学校ノ教師館也」とあり、これは城内南部の古城《ふるしろ》に明治四年（一八七一）に建てられた、熊本洋学校の教師館のことである。

古城の地は、加藤清正の築城以前に城があった場所で、明治四年にここに医学校と洋学校が設立された（現、熊本第一高等学校の校地内）。のちに世界的に名を知られた北里柴三郎も、この医学校で学んだ。洋学校の教師としてアメリカから招かれたルロイ・ランシング・ジェーンズのために、熊本で最初の二階建て洋館が長崎の棟梁辰吉の手により建てられた。ジェーンズは明治九年までこの洋学校で徳富蘇峰《そほう》、海老名弾正《だんじよう》など明治期に活動した多くの人たちを育成した。教師館の建物は西南戦争のなかで焼け残り、総督本営となったのである。

博愛社の設立許可を得る

佐野はまず本営にいる参軍山県有朋、高級参謀小沢武雄に面会し、博愛社創設の趣旨を説明し、有栖川宮への取り次ぎを依頼した。佐野が直接に宮へ願書を提出したともいわれるが、佐野自身の言文のなかに山県への依頼が見られる。

本社の創建に方《あた》りてや、常民熊本に於て其可否を山県参軍に質す、参軍深く之を賛し則ち書を征討総督有栖川親王に上《たてまつ》り、創建の許可を請ふ。（『博愛社第四報告』）

有栖川宮は陣中でも日記を欠かさなかったが、五月一日の項には佐野の来訪は記されていない。二日の項になって佐野議官来営の記事があり、葡萄酒五本が届いたことが記されている。ただし面談をした証拠は見当たらない。ついで五月三日の項に、博愛社設立願書を聞き届けたことが記されている。

二日　水曜　晴

議官佐野常民来営、葡萄酒五瓶到来之事。

三日　木曜　晴

佐野大給両議官発起、博愛社設立願書之儀ニ付聞届之上、西京太政大臣江右之趣及届

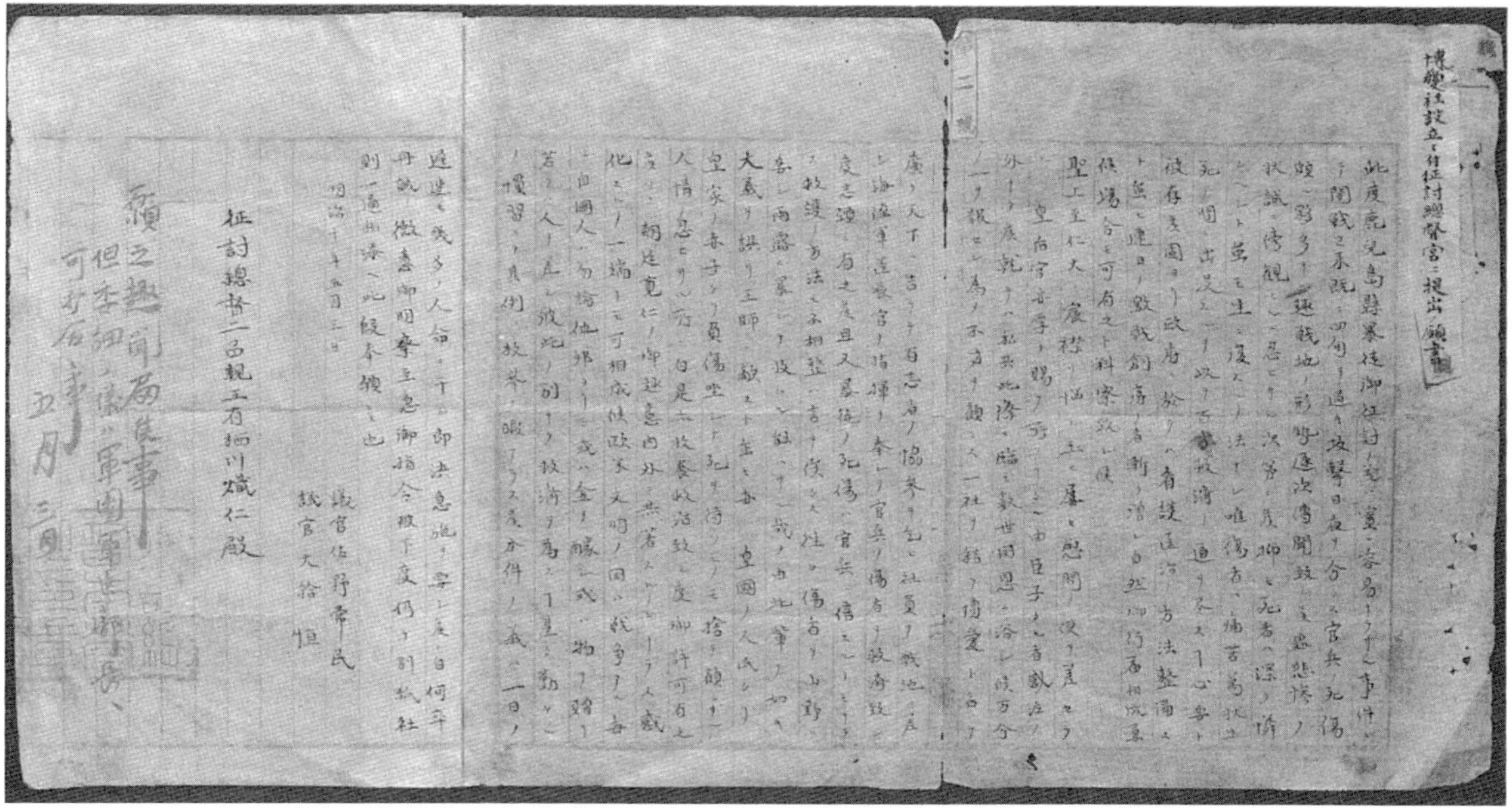

図6　熊本で有栖川宮へ提出した博愛社設立願書（日本赤十字社所蔵）

之事。（『熾仁親王日記』巻二）

現存する当時の博愛社設立願書（岩倉宛てと同文）の末尾にも朱書きで次のように記され、五月三日に有栖川宮が正式に設立の許可をされたことは明らかである。

願之趣聞届候事、但委細ノ儀ハ軍団軍医部長へ可打合ノ事　五月三日

また「博愛社第一報告」熊本の項にも、

（佐野常民）五月一日熊本ニ着到シ、本務ノ余直ニ征討総督本営ニ至テ、齎《モタ》ラス所ノ願書及社則五条ヲ具シテ申請シ、即五月三日允許《インキョ》ヲ得タリ。

とある。戦場の惨状を知る有栖川宮に、博愛社設立を認めない理由はなかった。宮は三日に京都滞在中の太政大臣三条実美宛てに、博愛社設立を現地で許可した旨を通知した。『横浜毎日新聞』は五月八日付（一九三二号）で、それを報じている。

昨三日午後十時二分有栖川総督より左の報あり、曰く今般戦争手負ひ甚多し、右看護ハ政府において其法備はるといへども、尚国恩を報ぜんため自費を以て社を結び、博愛社と名付け、軍中において海陸軍医官長の差図を受け、官軍賊とも看護いたし度旨大給佐野両議官より伺出たるに付許可致し候、此段通知に及ぶ。（四日午前十二時西京発電報）

図７　熊本の日赤記念館（ジェーンズ邸）
この二階の部屋で博愛社設立が許可された。

また『東京日日新聞』五月七日付も博愛社が許可を得た電報のことを報じ、『朝野新聞』五月十五日付は、五月四日熊本発として博愛社が許可を得たことを掲載している。

なお博愛社の設立が許可されたこの記念すべき建物は、そののち別の地に移されて物産館となり、さらに昭和七年（一九三二）には日本赤十字社熊本支部が譲り受けて記念館とし、熊本支部事務所にも使用していたが、現在では水前寺公園のそばに移築復元されて、熊本県の重要文化財に指定され、洋学校教師館（ジェーンズ邸）と日赤記念館（二階）を兼ねて公開されている。

救護活動の開始

佐野は有栖川宮の許可に感激し、直ちに救護活動を実施するための準備に着手した。翌四日に総督宮に面談したうえで、郷里の佐賀へ赴き、資金の調達と救護員の確保を開始した。旧藩主鍋島直大《なおひろ》の家令に資金の三〇〇円を借用し、佐賀病院四等医の小川良益（医員、長崎県士族）をはじめ、津田一蔵（医員助）、江原益蔵（庶務係兼看護長）、町浦富蔵（看護手）の四名を雇って熊本に戻り、五月二十七日から熊本軍団病院へ派遣して、救護に従事させることとした。さらに深町亨（医員）を長崎軍団病院へ派遣した。

この最初の救護員の小川良益は、『佐賀藩海軍史』に載る「観光丸の一笑話」（佐野伯談話）のなかで、万延元年に佐野が江戸へ行くときに供をしたという「書生小川良益」と同一人物と考えられる。西南戦争当時の佐賀は長崎県の管轄で、佐野も長崎県士族であった。なお佐野自身は救護資金として一〇〇円と綿撒糸《めんさんし》などを寄付している。

救護員派遣前に、博愛社の印章と標識を定めて、総督宮に届け出た。このときに定めた標識は、「紅《べに》丸一」すなわち紅色の一文字の上に紅丸を描いたものであった。すでに明治初年に、赤十字の標章は一部の日本人に知られていた。オランダ人医師ボードウィンは、明治三年（一八七〇）設立の大阪軍事病院の軍医学校で、「赤十字社規則」の講義を行ったという記録があり（『陸軍軍医学校五十年史』）、京都療病院の開院式（明治五年）では十字旗を病院の標章とみて門前に掲げている。また明治四年には新設の軍医寮も、「欧洲各国ノ公使軍医頭合議ノ上」定めた赤十字の記号を使用したい旨を兵部省へ上申したが、当分の間は赤一字の使用と決まった。この赤一字は、将来赤十字の使用が認められた際には、赤の縦線を加えればよいと考えたからだという（石黒忠悳《ただのり》『懐旧九十年』）。

翌明治五年九月にも、陸軍大輔山県有朋は太政官正院へ「世界普通ノ赤十字相用申度」という伺書を出したが認められなかった。その際の太政官左院からの意見書には、赤十字は「同盟ノ記号」であり、未加入国がみだりに使用すると不都合を生ずる懸念《けねん》があると述べてある（陸軍軍医団編『陸軍衛生制度史』）。この意見書にはデュナンの名や赤十字のいわれが記述されている。当時の有識者はすでに、赤十字の標章の使用はジュネーブ条約加入国のみであることを知っていたのである。佐野もまた、それを知っていたからこそ、赤十字の趣旨と同じであっても、その標章を使用することはなかった。そして時の衛生兵の赤一文字の標章と区別するために、上に紅丸を加えている。

五月下旬には軍医総監の松本順と軍医正の石黒忠悳《ただのり》が熊本軍団病院を視察にきたので、佐野は博愛社の趣旨と、開始した活動について報告をした。六月には、旧熊本藩主の細川護久が博愛社設立の挙に賛同して、士族の三浦斉と竹崎季薫を医員助として社業に従事させることを申し出たので、両名を熊本軍団病院へ派遣した。この二人は、熊本医学校でオランダ人医師マンスフェルトに西洋医学を学んでいた。

東京の仮事務所

一方、東京においては博愛社設立許可の電報に続いて、六月に入ると救護活動を開始した旨の詳報が届いたので、大給恒《おぎゅうゆずる》は六月二十三日に改めて社業開始の上申を太政官へ提出して、許可を受けた。二十三日には松平一族一三名が、麴町区富士見町四丁目（当時は第三大区四小区）の桜井忠興《ただおき》邸に集合して会議を開き、同所を博愛社仮事務所と定めた。

大給恒は、華族や有志者の間にさえ、博愛社の事業についてなお逡巡や危惧を抱く者がいるのを憂慮して、みずから筆を取って『博愛社述書』を著し、事業の主旨を世の人々が認めて参加することを望んだ。それによると、博愛社事務所に来て主旨を質問するだけでなく、「朝憲ヲ犯シタル反賊」を救うのは大義名分に反するとか、政府がまだ許可せず有志が少なくて事が成らなくては、博愛でなく狭愛になり、むしろ名を辱かしめるだろうなど、さまざまの意見が寄せられたようである。それらの意見に対する反論としてこの述書は記述された。すでに国際赤十字への加盟をも視点に入れていたことがわかる。

我博愛社ハ俄《ニワカ》ニ九州戦争ノ日ニ起リ、社有ノ貲金《シキン》救護ノ用具固《モト》ヨリ富メルニアラス、唯此ノ機会ニ乗シ此慈善ノ会社ヲ東洋ニ設立スルコトヲ得タルヲ欣《ヨロコ》フ。（中略）我博愛社ノ如キハ身ヲ労シテ利ヲ謀ラス、財ヲ散シテ誉ヲ求メス、其根元人々天然所稟ノ至性ニ原《モトヅ》キ慈善扶助ノ好意ニ出ツルナリ。（中略）将来入社ノ多ク資本ノ富メルニ至ルヤ、或ハ異邦ノ会社ト同盟スルニ至ルモ測ラレス。

博愛社の設立願書と社則が『朝野新聞』六月二十二日付に掲載されたのを見て、直ちに寄付を申し出た女性がいた。深川区（当時は第十一大区二小区）八右衛門新田に住む笠原はんは、博愛社宛てに「手製ノ太白胡麻《ごま》一樽寄付仕度」という手紙を送り、現物と代価のいずれがよいかを問い合わせてきた。そこで芳志を謝して、今のところ現地の入用品が不明なので、代価にて送った方が便利と考える旨の返書を出したことが『郵便報知新聞』六月二十七日付の記事に見える。彼女の寄付金は、後述のように松平乗承《のりつぐ》が七月に九州へ出張した際に、他の寄付金とともに持って行き、彼女の意志を尊重して、胡麻を購入して負傷者に配付することとした。

笠原はんの寄付金「胡麻代金十二円十銭」は、博愛社事務所開設直後の最初の民間寄付金として、『博愛社第一報告』に記録されている。なお同報告によると、東京事務所だけで明治十年六月から十二月までに、一八一名が七〇九二円三五銭、木綿、綿撒糸など二四種の物品を寄せている。

七月初めには、東西に分かれている博愛社の連絡のために、松平乗承がそれまでに集まった寄付金を持って九州へ出張したので、佐野も長崎へ赴いて九日に面談をした。二人は着手以来の救護事業の状況を話し合い、将来についての意見を交換した。博愛社の資力が増加したうえで戦地の惨状が著しい地に繃帯所や仮病院を設置することや、資金、器械などの余裕ができたならば「永久不抜ノ結社」を議すべきだとの構想もすでに出ている（博愛社資料）。松平乗承は三河西尾藩主の家に生まれ、博愛社の創設以来、社業の発展に協力し、のち日本赤十字社副社長に就任した。

十日には長崎来訪中の有栖川宮が「本社ノ義挙」を深く嘉納《かのう》されたという。その日の午後、二人は戸田秋成書記官や緒方惟準《これよし》軍医正を交えて、いくつかの議題について協議した。ここで、社員には華族・士族・平民を問わず、有志者はすべて入社を許すことを明確にし、医員と看病夫の確保についての方針もきめた。

社の方針に従ってさらに活動を拡張しようときめた矢先、外務省からの電報で、佐野は松平乗承とともに急に帰京することとなり、後事を長崎県令や戸田書記官らに託し、軍団病院を慰問したうえで、九州の地をあとにした。佐野は途中の京都で、折りから出張中の大給恒と会い、社業について協議し、太政大臣の三条実美《さねとみ》にも報告を行った。

博愛社の正式認可

八月一日には、博愛社が政府から正式に認可された。四月二十三日の設立願書の却下が取り消されたのである。同日、これまでに社員となった人たちによる会議を開き、社則附言を衆議決定して、事業の内容と将来の目的を明らかにした。戦いの終了後も永設の社とし、東伏見宮を総長に推戴することをきめた。副総長の人選には衆議が決せず、仮に佐野を副総長心得とした。七日には博愛社の結社を「奇特之儀」とされた皇室の思《おぼ》し召しにより、宮内省から一〇〇〇円が下賜された。

社則附言のうち第六条には、救護の着手当時は軍団病院などへ救護員を派遣したが、資金の増加に従い、戦地に大小の繃帯所や仮設病院などを建てて、事業の拡張に尽力することを明らかにしていた。

一本社ノ目的ハ大ニ創者患者ヲ救済スルニ在リト雖《イエ》トモ、一事之ヲ達行スル能《アタ》ハス、是ヲ以テ目今《モッコン》著手ノ方法ハ、先ツ医師看護長看護手等ヲ便宜ノ軍団病院繃帯所等ニ遣《ヤ》リ其補助ヲ為シ、漸次資額ノ集力ニ随ヒ軍団軍医長ト協議シ、最モ惨烈ノ戦地ニ就テ更ニ大小繃帯所及仮設病院等ヲ建テ、救済ノ業ヲ拡張スルニ尽力スヘシ。

この第六条の趣旨を実行するため、八月十五日に社員総代として桜井忠興らが、寄付金や薬品、器械を携えて九州へ向かった。桜井は摂津尼ケ崎の旧藩主で、華族の松平一族であり、自邸を事務所に提供するほど、博愛社設立に協力していた。この一行は、鹿児島県下に繃帯所と仮設病院を設置する任務を負い、医員も同行した。医員長の藤田圭甫《けいほ》は、かつて長崎でポンペに師事した人で、戊辰《ぼしん》戦争には大村藩の軍医長として会津での戦いなどを体験していた。

博愛社担当の病舎

長崎に到着した桜井の一行は、緒方惟準軍医正の意見に従い、長崎にとどまって、これまでに派遣されていた医員、看病夫とともに、軍団病院の第十一副舎を担当することになった。すでに薩摩軍の敗北は決定的となり、鹿児島県下に仮病院を設置しても、労多くして功少なかろうというのが、緒方軍医正の意見であった。長崎軍団病院第十一副舎が博愛社の担当となったことを電報で知った佐野は、さっそくに救護員への注意書を送った。その要点は左のとおりであった。

第一ニ創処ノ手術其精妙ヲ尽スハ勿論、衣服ノ清潔、飲食ノ節度、遊歩ノ適度、病室、空気ノ流通、費用支出ノ得失等、各々其宜ヲ得サルトキハ、忽《タチマ》チ傍人ノ誹譏《ヒキ》ヲ来シ、結社ノ素志ニ悖《モト》リ、遂ニ本社ノ興廃ニモ関スヘキ一大至難ノ要件ナリ。（中略）外人モ亦時々来往シテ病室等ヲ縦覧《ジユウラン》スヘキカ故ニ、病室ハ勿論、治療及摂養ノ方法等、諸事最モ整理ヲ加ヘ、創者ノ信頼ヲ来シ、他眼ノ愛顧ヲ得ルコトヲ期セサル可ラス。

（後略）

また医員長へは、別に医療上の訓誡も与えたという。第十一副舎ははじめ出島のなかにあったが、八月末に下筑後町の福済寺に移転した。福済寺は江戸時代初期建立の大寺であり、その他にも救護所となった寺は多かった。折りしも九月に入ると、コレラが九州各地に蔓延し、衛生に通常以上の注意が必要となった。しかし博愛社の担当する第十一副舎からは一名のコレラ患者も出さず、社員、医員、看病人も全員が無事であった。『博愛社第二報告』は、天が本社の忠愛心を嘉納して、助けてくれたのかと記述しているが、そのかげには、衛生へのきびしい注意を申し送った、佐野の力がはたらいていたといっても過言ではなかろう。患者のなかには、薩摩軍の者もいたことが記録に見える。

これより前、救護員のなかには長崎軍団病院から都之城へ移った者や、人吉、八代、桜島などへ派遣された者がいて、九月二十四日に戦いが終わった後もそれぞれ救護に従事した。十月六日には桜井忠興らが薬品などを携えて都之城へ赴き、岩村県令に寄贈の物品を託した。なかでも胡麻塩五〇〇包み（笠原はん寄贈）や扇子五〇〇握（近藤真琴寄贈）は、多くの患者に喜ばれたという（『博愛社第二報告』）。

この半年にわたる戦時救護に従事した博愛社の救護員は、延べ一九九人（実数は一二六人）、救護した患者の総計は一四二九名であった（『日本赤十字社史稿』）。前述のように博愛社の救護員は各救護施設に少数ずつ派遣されていたなかで、長崎軍団病院第十一副舎（福済寺）のみは博愛社が担当した唯一の救護施設であった。当初ここに「社旗」を掲げたいと願い出たが、認められなかったという。薬品を設けて、薬品はすべて博愛社の自弁とした。福済寺は、今の長崎駅の近くにあり、昭和二十年（一九四五）八月に原子爆弾の被災により往時の伽藍は全焼し、現在では原爆犠牲者慰霊のために建立された大観音像が本堂の上に立っている。

なお西南戦争のなかで熊本の医師鳩野宗巴《はとのそうは》（八世）は、薩摩軍に味方をした熊本隊の隊長から負傷者の治療を頼まれ、官軍の負傷者をも治療することを条件に、地元の光照寺で救護に従事した。鳩野宗巴は、戊辰戦争（明治元年）の際にも横浜軍陣病院と東京大病院で、イギリスの医師ウィリスとシッドルのもとで治療に従事した体験があった。ウィリスは北陸地方にまで従軍し、敵味方の別なく救護したことで知られる。函館の戦いでやはり敵味方の別なく救護した高松凌雲とともに、博愛社の設立以前にも、赤十字事業にならった人道の実践者が日本にいたことを忘れてはならない。鳩野宗巴は、薩摩軍に味方をしたと誤解されたが、九州臨時裁判所は、「賊徒ノ為メ治療ヲナスト雖《イエドモ》賊ニ与《クミ》スルノ意無キ」と認めて罪は問わなかった。

また当時の看護者は男性に限られていたが、戦争末期の鹿児島では、官軍臨時病院で敵味方の別なく救護につくした加世田さと、野戦病院で不眠不休の看護をした町田ヱイ（栄子）などの女性がいたことも見逃せない。町田ヱイは、官軍に対して負傷者の助命を申し出て、五十数人の命を助けたという。のち日本赤十字社鹿児島支部の看護婦取締となった。そのほかにも『戦袍《せんぽう》日記』（佐々友房著）や「軍団病院日記抄」（『征西戦記稿』付録）に地元の女性を看護人として雇用したという記事があり、戦時救護への女性の参加がすでに行れていたことが知られる。

博愛社の歩みとともに

副総長となる

西南戦争に明け暮れた明治十年（一八七七）もあと一ヵ月を残すのみとなった十二月四日、博愛社仮事務所で第一回社員総会を開き、総長東伏見宮嘉彰《よしあき》親王から社員に諭旨《ゆし》を賜った。東伏見宮は、九月十三日に総長就任を受諾されていた。のち明治十五年（一八八二）二月に小松宮彰仁《あきひと》親王と改名され、明治十九年（一八八六）十月二日に渡欧のため有栖川宮熾仁《たるひと》親王に代わられるまで、博愛社時代の大半にわたり総長を務めた皇族である。この記念すべき年の年末における社員数は三八人であった。

ついで翌十一年一月十四日にも新年発会式があり、社員一同が事務所に参集した。同年六月十七日の社員総会では、委員制をやめて新たに職員を選任することとした。その結果副総長に大給《おぎゅうゆずる》恒と佐野常民、幹事に花房義質《よしもと》、桜井忠興《ただおき》、松平乗承《のりつぐ》がそれぞれ就任した。副総長になった佐野は、これより博愛社の発展のために一路邁進《まいしん》する決意を固めた。社員数の増加、事業の基盤づくり、ひいては国際赤十字への加盟など、目ざす目標は多大であった。明治十二年（一八七九）十月の社員総会で、佐野は早くも日本のジュネーブ条約（赤十字条約）加入の希望を述べている。

明治十年業ヲ西南ノ役ニ創《ハジ》メシヨリ茲《ココ》ニ三年、既ニ実用ヲ当時ニ試ミ更ニ目途ヲ将来ニ期シ、黽勉《ビンベン》従事シテ稍《ヤヤ》今日ノ進歩ヲ見ルニ至レリ。然《シカレ》トモ之ヲ欧州救済ノ事業ニ比スレハ幼稚タリ萌芽タリ。（中略）社員等力ヲ協ヘテ社事ヲ講究シ、幼稚ノ教育萌芽ノ養成孜々《シシ》トシテ怠ラズンバ、遂ニ欧州ノ各社ト締約シテ併立スルモ豈難《アニカタシ》トセン哉《ヤ》。

（後略）

こうしたなかで、明治十三年（一八八〇）五月二十四日の社員総会で行われた社員ハインリッヒ・シーボルトの演説（大給恒代読）は、外国の救護団体の状況や婦人の救護活動を紹介して、博愛社の事業に一つの指針を与えた。彼は、幕末に来日したフィリップ・フランツ・フォン・シーボルトの次男で、明治二年（一八六九）に来日してオーストリア・ハンガリー帝国公使館に勤務し、兄アレキサンダーとともに博愛社の創設に関わり、明治十三年一月十七日に社員となった。兄アレキサンダーも同年三月二十八日に社員となった。
この演説のなかで彼は、「墺国《オウコク》（マリーネル）会社ノ規則ハ我ガ博愛社ノ規則ノ根拠トスル所ナルガ」と述べ、博愛社規則の草案づくりに関わったことを明らかにしている。また婦人の活動については、欧州では多くの婦人が病院で戦争の負傷者の看護に従事することや、戦時救護のために種々の事業を実施することを紹介した。

疾患ノ看護ニハ公衆ノ知ル如ク婦人ヨリ善ナルハナシ、欧州ニ於テハ多クノ婦人軍ニ従ヒ病院ニ在テ負傷者ヲ看護セシコトアリ、又其国ニ留在セシトキハ撒糸《サンシ》等ノ如キ負傷者ニ必要ナル物品ノ調度ニ尽力シ、或ハ戦死ノ遺族手当ノ為ニ金銭ヲ調度シテ大ニ会社ノ補助ヲナシタリ。（博愛社資料）

日本においても、愛国者の妻女や少女が博愛社の社員になるようにすべきだと、彼は強調している。それを聞く佐野の脳裏に、かつてパリやウィーンで見学した病院で働く看護婦の姿が浮かんだのではなかろうか。

博愛社社則の改正

社業の拡張に伴って社則の改正が必要となり、幹事松平乗承《のりつぐ》と議員近藤真琴《まこと》を改正調査委員に任じて草案を作成し、議員会で審議討論の結果、明治十四年（一八八一）一月の社員総会で発表された。改定博愛社規則（全八一条）は、冒頭に創立の由来を掲げて事業の性質を明らかにし、社の拡張趣意書ともいえるものであった。規則の第一条には「報国恤兵《ジュッペイ》ノ義心」をもって戦時の傷病者の苦患を減ずるという主旨を示していた。

第一条　博愛社ハ報国恤兵ノ義心ヲ以テ、戦場ノ負傷者疾病者ヲ看護シ、力《ツト》メテ其苦患ヲ減スルヲ主意トス

恤兵は、兵士をいたわることであり、現代からみれば、博愛社は全面的に軍に加担したと思われてしまうが、職業軍人を除けば、兵士の大部分は徴兵された一般国民であった。近代において避けられなかった戦争の犠牲となったその人たちの人命を救うのは、人道上最大の必要事業であった。

第七条には、委員議員は無報酬と定めてある。

第七条　本社ノ主意報国恤兵ノ義心ニ出ツルヲ以テ、総長以下委員議員ニ至ル迄酬労ノ俸ヲ給セス（後略）

佐野は、博愛社の創設以来、その没年までの二五年間を通じて、博愛社と日本赤十字社から一切の報酬を受けなかった。

第十三条には、社内に通信課、医務課、報告課、会計課を置くことを定めている。この

うちの医務課は「治療器械薬物等ノ保存、医員看護員ノ結約等ヲ掌ル」として、患者の治療を通じて、博愛社の主旨を広めるとともに、戦時救護に熟達することを計画したが、予算不足のために実現しなかった。改めて救護員養成のために博愛社病院を設立したのは、明治十九年（一八八六）である。

博愛社の社員についての規則も定めた。創設時の社則に「本社ノ資本金ハ社員ノ出金ト有志者ノ寄付金トヨリ成ル」（第二条）とあって、資金を出した者を社員とする社員制度が、最初からあった。今回の社則の第十六条では、毎年三円以上一二円までを出した者を社員としている。ただし戦時救護に従事する者は、出資をしなくても社員とすることをも定めた。

戦時における救護事業として、派遣博愛社病院の組織や活動について規定していたが、博愛社の一〇年間には外国との戦争はなかった。次の条文には、重傷者に対する処置や、心のケアまで述べてある。

第六十条　本社ノ主意ハ第一条ニ云フカ如ク、力《ツト》メテ創痍《ソウイ》ノ苦患ヲ減スルニ在ルヲ以テ、戦闘ノ間ハ軍医ニ隷《レイ》シテ其補助ヲ為《ナ》シ、野戦終レハ務《ツト》メテ其野ヲ巡廻シ、負傷者ヲ扶《タス》ケテ治療ヲ受ク可《ベ》カラシメ、重傷ニシテ救フコト能《アタ》ハサル者ト雖《イエ》トモ、飲水ヲ与

フル等、恤惕《ジュッテキ》ノ情ヲ尽シ、其乞ハント欲スル所ヲ聴キ、其心ヲ慰メ其体ヲ安ンスル等皆本社ノ要務ナリ

第六十一条　戦野ヲ巡ル際負傷者ニ遇ヘハ、敵人ト雖トモ救ヒ得ヘキ者ハ之ヲ収メ、救フコト能ハサル者モ亦、前条ノ如ク情誼ヲ尽スヘシ

越えて明治十五年（一八八二）六月二十六日の社員総会で、佐野は「博愛社ノ主旨ハ人ノ至性ニ基クノ説」と題する講義を行った。前にもふれたように彼はこのなかで、パリ万国博覧会での赤十字との出会い（四〇ページ）と、ウィーン万国博覧会での各国赤十字社の出品物見学（六一ページ）をまず述べ、両博覧会の間の数年間に赤十字の組織が広まったのは、各国の有志者がその結社を創始し、政府がこれを認めて、公約を結んだからであること、赤十字のような人道に基づく国際組織が盛大になったことこそ、文明進歩の証拠であること、などをあげている。

博覧会ニ陳列セシ諸国博愛社ノ出品モ亦、前日ニ比スレハ大ニ其数ヲ加ヘ其美ヲ増セルヲ見タリ。（中略）其《ソ》レ斯《カク》ノ如ク数年ヲ出スシテ異常ノ盛大ヲ致シタルモ、基本ハ政府ノ慫慂《ショウヨウ》ニ由ルニ非《アラ》ス、各国有志者自ラ振《フルッ》テ其業ヲ創始シ、政府之ヲ嘉《ヨミ》シテ公約ヲ結ヒシモノニシテ、上下相応スル影響ヨリ捷《ハヤ》ク内外相同キ符節ヲ合スルカ如シ、遂

ニ能《ヨ》ク万国連合シテ、負傷者ハ内外国人ヲ問ハス之ヲ救治スルノ美事ヲ行フニ至レリ。（中略）其斯ノ如キノ盛大ヲ致セルハ他ナシ、人ノ至性ニ基クヲ以テナリ。故ニ当時余ハ以為《スベカラ》ク文明ト云ヒ開化ト云ヘハ、人皆直ニ法律ノ完備、若《モシ》クハ器械ノ精良等ヲ以テ之ヲ証憑《ショウヒョウ》ト為スト雖モ、余ハ独《ヒトリ》該社ノ此ノ如ク忽《タチマ》チ盛大ニ至リシヲ以テ、之カ証憑トナサントス。（後略）

彼は最後に、日本がジュネーブ条約に加入して、博愛社が国際赤十字の仲間入りをすることを切望している。

本社ノ旨趣モ益《マスマス》之ヲ拡充シテ各国ノ諸社ト通交協議シ、我国ヲシテ「ゼネーブ」条約ニ同盟セシムルニ至ランコト、是余ノ希望ニ堪《タエ》サル所ナリ。（博愛社資料）

赤十字加盟への調査

明治十六年（一八八三）五月にドイツのベルリンで、衛生および救難法に関する博覧会（アウグスタ皇后が総裁）が開催されるので、内務省御用掛の柴田承桂《しょうけい》が政府委員として視察に赴くことになった。博愛社ではこの機会に、柴田にヨーロッパにおける赤十字事業と、ジュネーブ条約加入手続きの調査を依頼することにした。同年四月七日の社員総会で佐野は、柴田に依託した諸件を明らかにした。

一　外国政府幷《ナラビニ》私立救護会社ノ（ジエノワ）条約ニ加盟スル手続キ幷加盟後ノ権利義務問合ノ事

一　博覧会ニ関シ本社ノ為メ有益ノ事物ハ調査報告シ文書表記類ハ蒐集携帰スル事

一　独逸《ドイツ》其外重立《オモダチ》タル国々ノ救護会社ノ組織幷平時戦時ノ事務施行ノ実況調査ノ事

一　右会社ノ報告書其他出版書類所望ノ事

一　本社略記訳文ヲ印刷シテ博覧会事務官救護会社々長其他へ配賦スル事

（博愛社資料）

ここにあげてある「博愛社略記」は、独文と仏文に翻訳されて、各国に頒布されたことが、佐野からベルリン在住のアレキサンダー・シーボルト宛ての書簡に記されている。柴田承桂は、四月十二日に博愛社社員となった。佐野が柴田に託したアレキサンダー・シーボルト宛ての書簡には、ジュネーブ条約加入の手続きや加入後の「権義」などの調査を依頼し、柴田と協議のうえで詳細な通報をしてほしい旨が記してあった。

続いて翌十七年二月十日には、陸軍卿大山巌《いわお》の随員として陸軍軍医監橋本綱常が、兵制視察に渡欧することになったので、博愛社では橋本にもジュネーブ条約加入手続きなどの調査を依頼した。その八日後の二月十八日、「ジュノワ府万国負傷兵救護事務局モアニー」（赤十字国際委員会モアニエ）が、ベルリンのアレキサンダー・シーボルト宛てに書簡を送っている。これには同月十四日にシーボルトからの書簡と書類を受け取ったこと、日本政府が条約に加入すれば博愛社が赤十字に加盟するのは差し支えないこと、九月にジュネーブで「赤十字会議」（第三回赤十字国際会議）を開催するので、博愛社代表の出席は承諾できることなどが記され、シーボルトから回送された書簡は八月十三日に博愛社に届いた。このなかに、

千八百七十七年貴下ヨリ右ノ義御発議相成候《アイナリ》ハ、恰《アタカ》モ其前千八百七十三年当府ニ於テ我輩ヨリ日本使節ニ勧告致シ候ヲ賛成シテ、大ニ其力ヲ添ラレ候姿ニテ、殊ニ感謝致シ候。（博愛社訳）

とあるのは、博愛社創設時にシーボルトが協力したことを指すものであり、「日本使節」とは岩倉具視《ともみ》、伊藤博文《ひろぶみ》のモアニエ訪問（前述）を指している。

これより前の五月六日に前年渡欧した柴田承桂が帰国し、さっそくに博愛社にジュネーブ条約加入手続きなどについての調査報告を行った。六月二十六日の社員総会で柴田は「欧洲赤十字社概況」と題する帰朝演説を行い、赤十字の起源、組織、平時の事業などを系統的に述べるとともに、ヨーロッパで入手した書籍の『ジュナン氏ソルフェリノ戦場実

記』と『瑞士《スイス》中央社報告』、および医療器具のうち到着した一部のもの（副木《ふくぼく》、真鍮《しんちゅう》膿盆《のうぼん》、護謨《ゴム》水枕など）を展示した。彼が収集し、のちに送られてきた書籍は九〇冊にものぼり、『ビルロート氏救護員ノ職務ニ関スル演説』『独乙《ドイツ》赤十字婦人社員必携』のように、博愛社が目ざす救護事業の参考になるものが多かった。柴田が持ち帰ったデュナンの著書は、おそらく日本にもたらされた最初のものであろう。なお書名は、明治時代には『ソルフェリーノの紀念』と訳していたが、現在では『ソルフェリーノの思い出』としている。

九月一日から六日までジュネーブで開催された第三回赤十字国際会議には、橋本綱常とアレキサンダー・シーボルトがオブザーバーとして出席した。同会議への招待状ははじめ大山巌《いわお》宛てに届いたが、大山がジュネーブへ行けないため、橋本が代理となったのである。現存する同会議の報告書のなかの出席者の項に「ＪＡＰＯＮ」として二人の名が記録されている。十一月四日にはシーボルトからの会議報告と条約加入についての調査報告が、博愛社に届いた。

明治十七年十一月二十五日の社員総会で、先の柴田の報告と、シーボルトからの報告をもとに、政府へジュネーブ条約加入の建議をすることを決議し、十二月十日に博愛社総長名をもって建議書を政府へ提出した。また翌十八年六月には、帰国した橋本綱常も赤十字についての調査書を添えて、ジュネーブ条約加入の件を上申した。

日本のジュネーブ条約加入

政府がジュネーブ条約加入について動き出したのは、博愛社の建議書提出から半年後であった。明治十九年（一八八六）二月十七日に外務大臣井上馨《かおる》が総理大臣伊藤博文へ提出した公文書によると、明治十八年七月三日に井上（当時は外務卿）が次のような理由からジュネーブ条約加入の上申をしたことが記録されている。

千八百六十四年瑞西《スイス》国政府ニ於テ設立セル赤十字社ノ義ハ、戦時ニ於テ負傷者ヲ救済スルノ慈善ナル義挙ヨリ成リタルモノニテ、爾来《ジライ》欧洲各国政府ハ概《オオム》ネ該社ニ加入致居候ニ付、我政府ニ於テモ之ニ加盟相成候ハハ、欧洲各国へ対シ我邦ニ於テモ益々文明ヲ追随スルノ意向ヲ表彰スルノミナラス、我国ノ地位ヲシテ一層上進セシムルノ美挙ニ可有之《コレアルベキ》旨、昨十八年七月三日及上申《ジョウシンニオヨビ》候処、（後略）（『公文録聚第十編』）

これに対して七月二十五日に「加入内問合ノ儀」を取り計らうよう裁可があった。井上は在仏国特命全権大使蜂須賀茂《もち》韶《あき》へ訓令を発し、同条約加入国が行った手続きにしたがって、スイス国政府に「内問合」をしたところ、承諾を得たという。

ジュネーブには一八八五年（明治十八）八月二十九日付の井上外務卿からモアニエ宛の

秘密文書が残っている。これには、日本政府が条約加入への運動を開始したことや、駐仏公使蜂須賀へモアニエとの連絡をとるように指示をしたことを伝えてあり、絶大な支援を依頼し、アレキサンダー・シーボルトのサインがある。シーボルトは同年四月に井上に呼ばれて日本に来ていて、七月以来、条約改正の件で井上としばしば会談をしていた。佐野と大給はこの機会を利用して、ジュネーブ条約加入の実現のために、シーボルトに働きかけたと考えられる。

蜂須賀はジュネーブへ行く使命を、公使館の参事官マーシャル（イギリス人）に委託した。マーシャルは十月十三日にジュネーブに着き、モアニエから丁重な待遇を受け、日本の加入に満足するという意が伝えられた。十一月五日付のモアニエから蜂須賀宛ての書簡にも、本件につき自分と協議したことは感謝の至りと述べてある（『公文録』）。

以上の経緯を経て、明治十九年（一八八六）二月十七日に外務大臣井上よりジュネーブ条約調印の全権を蜂須賀に委任するための上奏があり、三月三日に裁可された。四月十九日にその指令が蜂須賀のもとに届いている。

明治十九年六月五日、「在仏国瑞西《スイス》公使館」において「赤十字ニ帝国政府加盟調印」が行われ、スイス大統領「デウシエ」の「加盟証状」をも受け取った（『公文録』）。六月十一日には蜂須賀から井上へその報告が出された。この「加盟調印相済候」の報告が、井上から総理大臣伊藤博文へ差し出されたのは九月二十八日である。さらにジュネーブ条約加入が国民に公布されたのは、十一月十五日であった。

博愛社から建議書を提出して以来、条約加入の公布まで二年近い年月が過ぎ、佐野にとっては待ち遠しい長い道のりであった。

新事務所と病院の開設

明治十八年（一八八五）一月に帰国した橋本綱常は、赤十字についての調査報告をするとともに、救護員養成機関としての病院の建設を提唱した。

橋本は越前福井藩の出身で、幕末の志士として有名な橋本左内の末弟であり、この年に陸軍軍医総監となり、東京大学教授をも兼ねていた。副総長の佐野も、博愛社に病院は必要不可欠のものとの考えを以前からもっていた。同年十一月十二日の社員総会で、総長小松宮彰仁親王から、外科病院を設置して「医員看護夫《ママ》」の養成を行う方針が明らかにされた。

翌十九年五月十四日の臨時議員会で、病院の設立が正式に議決された。当日、総長から陸軍大臣宛てに、「看護人看病婦ヲ養成」するための病院の建設地を借用したい旨の願書を提出した。その結果、麹町区飯田町四丁目（現、千代田区飯田橋三丁目）の陸軍省用地を借用して、博愛社の事務所と病院を建設することとなった。西南戦争中に麴町区富士見町の桜井邸を仮事務所として発足して以来、博愛社事務所はこれまで一定の場所になく、仮事務所を転々と移動していたが、ここに最初の病院とともに事務所も建設されることになったのである。

同年十月三十日には早くも新築の事務所で社員総会が開催された。小松宮が欧洲旅行の間、総長に就任した有栖川宮熾仁《たるひと》親王が祝辞を述べられ、博愛社の創立にあたって世人の多くが博愛社の主旨を理解せず、平時には無用という者さえあったなかで、「本社ノ隆盛」がここまで達したのは、社員の努力によると賞した。

社員諸氏ガ百折不撓《フトウ》ノ奮勉与《アズカリ》テ力アリト謂フ可シ、豈《アニ》一言以テ諸氏ノ功労ヲ鳴ササルヲ得ンヤ。(『東京日日新聞』明治十九年十一月三日)

また特に婦人が社員に加わるようになったことは喜ばしいと言及している。欧州では、婦人のみの救護社があり、看護法を研究したり、救療品を調製している例をあげ、各国赤十字社には必ず婦人の協力があるから、博愛社に婦人の入社が多くなったことは「欣喜《きんき》」の至りと述べられている。有栖川宮は、西南戦争中に熊本で博愛社の設立を許可した当時を偲び、佐野らの努力によって博愛社が発展したことに、感慨もひとしおであったろう。

図 8　新築の博愛社事務所と博愛社病院（『日本赤十字社歴史画談』）

　ついで副総長大給恒が答辞を述べ、西南戦争に際して有栖川宮が本社の創設を速やかに許可されたからこそ、今日の隆盛を見たことにふれている。さらに副総長佐野が、特に本社の事業に尽力したシーボルトや、松平乗承、桜井忠興の功績を総長に具申した。当日の新入社員は八三人に及び、その半数は女性であって、佐野夫人駒子、鍋島直大《なおひろ》夫人栄子《ながこ》、橋本綱常夫人操子などが、このとき入社している。

　同年十一月十七日には多数の賓客を迎えて、博愛社病院の開院式が挙行された。当日の総長の祝詞のなかに次のような一節が見られる。

　本社病院ノ建築ハ本年八月ヲ以テ其工ヲ起シ、数月ヲ出テスシテ落成ヲ告ケタリ。其構造輪奐《リンカン》ノ美アルニ非《アラ》サルモ、房室清潔大気流通シテ実ニ養痾《ヨウア》ニ適セリ。

初代院長に就任した橋本綱常は、行啓された皇后陛下に、この病院で看護婦養成の計画があることを言上した。

　橋本院長ヨリ本社ノ戦時ニ欠ク可《ベカ》ラサル要領ト、欧洲赤十字社ノ盛況ト、殊ニ婦女ノ看護人ヲ成養スル景況トヲ挙ケ、本社ニ於テモ自今看護婦ノ養成ニ従事セントスルノ計画ヲ奏上セシニ、其事ノ国家ニ緊要ナルヲ深ク御嘉尚《カショウ》アラセラレ、（後略）（『東京日日新聞』明治十九年十一月三日）

博愛社病院の院則には、第一に「軍隊ノ負傷者ヲ救護スヘキ看護者ヲ養成シ」とあり、第二に「戦時ハ本院ヲ以テ負傷者ノ予備病院ニ供ス」とし、第三に「平時ハ民間ノ病人ヲ治療シ、以テ看護人ヲシテ実地ノ研究ヲナサシム」と定めている。これはジュネーブ条約に則して、戦時救護に従事する看護者を養成することを明示している。民間の病人の治療にあたっては、「資産アル者ハ費用ヲ償ハシメ、貧民ハ之ヲ救助ス」として、救助病床を設けた。

病棟は六二床《しょう》を有する二階建ての洋風建築で、別棟の伝染病室があった。『郵便報知』十一月十九日付の「博愛社病院開院式」の記事中には「其玄関正面の処に赤十字の徽章を掲げたり」とある。

佐野はかつてパリやウィーンで、病院の施設を見学していたが、いよいよ博愛社も病院をもつようになったことを、二日前のジュネーブ条約加入の公布と併せて、このうえもない喜びとした。

社名の改称へ

次の課題は、国際赤十字への加盟であった。すでに一〇年近い社歴をもつ博愛社が、日本の赤十字社となり得る条件は備えていたから、翌十二月八日に社則改正取調委員を選出し、花房義質《よしもと》ら五名にその調査を嘱託した。そのなかにはアレキサンダー・シーボルトもいた。

明治二十年（一八八七）三月二十五日の臨時総会で、改正社則が議決され、社名を日本赤十字社と改称することとなった。

五月二十日に新事務所で第一回社員総会を開催し、社名を改称して、博愛社総長有栖川宮熾仁親王を総裁に推戴した。また常議員のなかから、佐野が初代社長に、大給恒と花房義質が副社長に選出された。社名を改称するにあたっては、ようやく世の中に知られるようになった博愛社の名をやめることに反対の意見があり、また赤十字の記章の採用にも、キリスト教との関わりを疑う人がいるという意見もあったが、結局は「世界文明国ニ伍シテ同一事業ニ従ハントセハ、世界共通ノ名ヲ用ヰルノ便益ナルニ如《シ》カサルナリ」（『日本赤十字社史稿』）と、日本赤十字社に決まったという。

社名の改称と同時に病院名も、日本赤十字社病院と改称した。病院開設当時に在職した看護婦一〇名は、正規の看護教育は受けていなかったが、帝国大学医科大学第二医院などでの勤務経験があった。明治二十一年（一八八八）一月の皇后陛下の病院視察の際には、医員とともに看護婦が繃帯交換法、手術準備法を演じているし、同年七月の磐梯山噴火の災害救護のときには、先発の医員に続いて看護婦を派遣する準備をしている。これらの記録からみると、開院当時の看護婦も単なる患者付き添いではなく、緊急時に役立つ訓練を受けていたことが考えられる。また明治初期の看護婦は社会的身分の低い者ばかりであったと一般にいわれてきたが、明治期の最初の看護婦として知られる杉本かねのように、見識のある女性もいたのである。彼女は戊辰戦争で東京の大病院に勤務したのち、大学東校、順天堂医院に勤め、看護婦取締《とりしまり》となった。日本赤十字社病院の内科看護取締の田中トセと外科看護取締の菊地ヤスも、院長の橋本綱常から信頼された看護婦であった。

明治二十三年（一八九〇）九月にトルコ軍艦が和歌山県大島の沖で沈没し、国際救援が行われたとき、日本赤十字社病院から派遣された看護婦四人も、翌年五月の大津事件（ロシア皇太子負傷事件）に救護に赴いた看護婦も、創立当時から勤務していた人たちである。さらに濃尾《のうび》大地震（明治二十四年十月）の災害救護では、正規の看護教育を受けた一〇人とともに、従来から勤務していた一〇人も派遣され、ともに寝食を忘れての活動を続けた。赤十字看護教育が始まった明治二十三年には、勤務中の看護婦にも速成の看護法の教授を実施しているから、彼女たちは経験に加えて看護の基礎知識も得ていたのである。

日本赤十字社の出発

初代社長に就任

明治二十年（一八八七）五月二十日、新築の飯田町事務所で開催された日本赤十字社の第一回社員総会において、初代総裁に有栖川宮熾仁《たるひと》親王を推戴するとともに、常議員、理事員の選挙があり、佐野は他の二九人とともに常議員に選ばれた。そのなかからさらに理事員を互選した。その結果、佐野が社長、大給恒《おぎゆうゆずる》と花房義質《よしもと》が副社長、柳楢悦《ならよし》、清水俊、松平乗承《のりつぐ》、松平信正、桜井忠興、谷森真男、渡辺洪基《こうき》の七人が幹事に選ばれた。二十四日には社長、副社長の勅許があり、日本赤十字社の社則を発表した。新社則の第一条には戦時救護の目的が、第二条には皇室の保護が明示されていた。

第一条　本社ハ戦時ノ傷者病者ヲ救療愛護シ、力《ツト》メテ其苦患ヲ軽減スルヲ目的トス
第二条　本社ハ皇帝陛下、皇后陛下ノ至貴至尊ナル保護ヲ受クルモノトス
第三条　本社ハ千八百六十三年十月ヂュネーヴ府ニ開設セル万国会議ノ議決及ヒ千八百六十四年八月同府ニ於テ欧州諸政府ノ間ニ締結セル条約ノ主義ニ従フモノトス

第三条に一八六三年の国際会議の議決と一八六四年のジュネーブ条約の主義に従うことを述べているように、日本赤十字社はこの国際条約に基づいて、戦時救護を実施することを当初の目的とした。第二条に皇室の保護を掲げたのは、当時の西欧諸国の王室が救助事業に力を注いでいたのに倣《なら》ったもので、同時期のオーストリア赤十字社の社則（和訳）にも右の第二条と同じ文面が見られる。

墺国赤十字社社則

第二　両陛下ノ保護

墺国赤十字社ハ皇帝陛下及ヒ皇后陛下ノ至貴至尊ナル保護ヲ受クルモノトス

明治二十五年（一八九二）には社則の一部を改正して、戦時救護と並んで災害救護事業を加えた。なお総裁は明治二十年十二月に、帰国された小松宮彰仁《あきひと》親王に代わった。

社則の第八条役員の項に「社長ハ一切ノ社務ヲ提理シ、本社ヲ代表シ、処務ノ細則ヲ設定シ」とあるように、初代社長に就任した佐野は、以前にも増して重責を負うこととなった。社長就任とともに、子爵を授けられて、華族となった。明治十七年の華族令により、公・侯・伯・子・男爵の爵位が定められ、旧公卿、諸侯以外にも、国家への功労があった者を華族とすることとなり、佐野もいわゆる勲功華族の一人であった。

佐野がまず着手したのは、国際赤十字への加盟であった。日本政府がジュネーブ条約に加入しても、国際赤十字への加盟はまだであったので、佐野は赤十字国際委員会のモアニエに宛てて書状を送り、日本赤十字社の加盟を求めた。

本社ノ既ニ十余年来成立致居候儀ハ、万国中央社ニ於テモ必ス御承知ノ事ニ可有之《コレアルベク》、千八百七十七年赤十字事業ト同一ノ目的ヲ以テ創設セシ以来、日本政府ノ「ヂュネーヴ」条約ニ加盟アルヲ待チ、中央社ト交通ヲ開キ、該条約同盟ノ諸社ト友誼ヲ結ハンコトヲ切望致居候。今ヤ此要件既ニ備ハレルヲ以テ、即チ前件御請求ニ及ヒ候次第《シダイ》ニ付、中央社ニ於テ右御允諾《インダク》可相成《アイナルベキ》コトハ、我輩ノ信認スル所ニ御坐候。　敬具

明治二十年五月二十七日　日本赤十字社長子爵　佐野常民

ヂュネーヴ府赤十字万国中央社長

ギュスターヴ、モアニエー君貴下

その結果、一八八七年九月二日付の公認通知書が届き、ここに晴れて国際赤十字の仲間入りを果たした。ちょうど九月にはドイツ連邦バーデン国のカルルスルーへで、第四回赤十字国際会議が開催されたので、政府委員として石黒忠悳《ただのり》、日本赤十字社委員として松平乗承《のりつぐ》が初めて正式に参加した。このときに通訳として協力したのが、ドイツ留学中の森林《りん》太郎《たろう》（鷗外《おうがい》）と谷口謙《ゆずる》であった。石黒と松平は翌年九月に帰国したとき、佐野とともに皇后陛下に内謁を賜り、赤十字会議の状況と西欧諸国における赤十字社の近況を報告した。特に石黒は、赤十字事業上の婦人に関する事項を加えて言上した。

日本赤十字社が出発した明治二十年の十二月末の社員数は、二一七九人で、前年に比べると一五〇〇余人も増加している。

皇后陛下は、明治二十一年（一八八八）六月二十三日の第二回日本赤十字社社員総会に行啓されて以来、ほとんど毎年行啓されることとなった。第二回社員総会の際の皇后陛下の次のような令旨に佐野は感激して、その後も常に拝誦していたという。

兵士の軍陣に臨み傷痍《しょうい》を受るは、各《おのおの》其国のために尽せるにて、彼我《ひが》の別なくその憐《あわれ》むへきこと他に比類なし。本社はこの最も憐むへきものを、あまねくすくひたすけて、慈愛の情を表するものなれは、予《よ》いかてか喜はさらん、諸員よく勉めよ。

明治二十一年（一八八八）六月二十一日には、有功章社員章条例を制定し、十月にはじめて製造された有功章と社員章を、天皇・皇太后・皇后の三陛下に進献した。この条例の制定については、当時賞勲局副総裁であった大給恒副社長が尽力し、外国の実例を調査して、日本の実情に適したものを設定した。有功章は、社業の功労者を表彰する徽章であった。

有功章と社員章の中心円形の内には、鳳凰《ほうおう》、桐、竹と赤十字が表わされていた。この桐竹鳳凰と赤十字の組み合わせは、日本赤十字社と改称する前月（明治二十年四月）に社の紋章として定めたものと一致する。この紋章については、佐野が参内したときに、皇后陛下が、結髪につけられていた簪《かんざし》を示して、その桐竹鳳凰の文様を使用するようにいわれたという伝承がある。桐竹鳳凰は、古来皇室が使用してきた高貴な文様であり、みだりに使用できないが、すでに博愛社の社員証書にも、標章の紅《べに》丸一の周囲に鳳凰と桐が描いてあって、日本赤十字社になってから使用が始まったわけではない。なお紋章の制定にあたっては、オーストリア赤十字社などの社章をも参考にしている。

文明史上の一偉業

明治二十一年十月二十六日は一八六三年に赤十字が誕生して二十五周年にあたるので、万国赤十字社創立二十五年紀祝典を上野公園華族会館で挙行した。式場に参列した社員の胸には新しい社員章が輝いていた。また佐野ら二四人には総裁殿下から有功章が授与された。当日、佐野は祝詞のなかで次のように述べ、赤十字事業の創設は十九世紀の文明史上の一偉業としている。

（前略）今ヤ赤十字事業ヲ賛成シテヂュネーヴ条約ニ加盟セルノ国、東西ノ両半球ニ遍《アマ》ネク、戦時ノ病院及救療看護員ヲ認メテ局外中立ト為《ナ》スコト、及ヒ負傷者患者ハ何国ノ属籍タルヲ問ハス之ヲ接受看護スヘキコトハ、国際公法ノ原則ト為レリ。（中略）万国赤十字中央社カ二十五年紀祝典挙行ノ議ヲ発セシハ、真ニ適当ノ考案ニシテ、同盟ノ各社豈《アニ》喜ヒテ其意ニ応セサルモノアランヤ。（中略）抑《ソモソモ》此ノ如キ好結果ヲ収メタルモノハ他ナシ、傷兵救護ノ事タル人性ノ自然ニ出ツル惻隠《ソクイン》ノ良心ニ符シ愛国ノ至情ニ合《カ》ナヒ、又軍医部ノ力足ラサルヲ補フノ需要ニ応スルヲ以テナリ。赤十字事業ノ如キハ第十九世紀ノ文明史上ニ特筆大書スヘキ一偉業ナリト謂フモ決シテ溢美《イッビ》ニアラサルヘシ。（後略）（『万国赤十字社創立廿五年紀祝典報告』）

また明治二十二年二月九日には、帝国憲法発布式に参列のため上京した各地の高官たちを招待して、日本赤十字社の社業の報告を行い、赤十字に関する図書と物品を展示して赤十字事業の周知徹底を図った。佐野はこの集会において、赤十字の標章がキリスト教と関係があるように世間一般で思われているのを遺憾とし、赤十字の設立と標章のいわれを説いている。

此慈善事業ヲ表スルニ赤十字ヲ以テスルノ起原ハ、千八百六十三年瑞西《スイス》国ヂュネーヴ府ニ於テ、列国ノ委員会議ヲ開キ、傷兵救護ノ方法ヲ議決シタル十ケ条中ノ其一ニシテ、即《スナワチ》義勇救護人ハ各国一定ノ記章ヲ用フヘシト云フニ由リ、偶《タマタマ》同国ノ旗章赤地白十字ヲ反転シテ白地赤十字トナシ、以テ其標記ト定メタルニ過キサルノミ。故ニ毫《ゴウ》モ宗教ニ関係ヲ有セルモノニアラサルノミナラス、同盟各国政府ガ採テ以テ局外中立ノ標章ト認ムルニ至リ、愈《イヨイヨ》貴重ノ要具トナリシモノナレハ、願クハ諸君此等誤認ノ輩《ヤカラ》ヲ暁《サト》シ、共ニ社旨ノ貫徹ヲ図ラレンコトヲ。（後略）（「日本赤十字社日誌」明治二十二年）

明治二十三年（一八九〇）五月から東京の上野公園で開催の第三回内国勧業博覧会には、日本赤十字社から戦時天幕《テント》病院と救護材料を出品し、一般社会へ向けての赤十字事業の広報を行った。

明治二十四年十二月には経世新報社から雑誌『日本赤十字』が刊行された。これは日本赤十字社の事業を世に知らせるための意図から、同社が『経世新報』の付録として創刊したもので、第一号には佐野の「発刊祝辞」が掲載された。それには明治十五年六月二十六日の博愛社社員総会で行った「博愛社ノ主旨ハ人ノ至性ニ基クノ説」と題する講義の内容（一〇六ページ参照）が多く引用されている。のち日本赤十字発行所の刊行となり、また明治二十六年二月号からの表紙の題字は佐野の揮毫となった。明治三十五年十二月に日本赤十字社の報告機関として認定されるまでは、準機関誌であったが、赤十字活動の動きを知るうえで貴重な資料となっている。大正二年十月号からは『博愛』と改称した。

明治三十四年（一九〇一）十二月には日本赤十字社条例が公布され、民法の規定に従い社団法人の認可を受けた。そこで新たに常議会で、理事のなかから社長、副社長を選ぶこととなり、佐野が社長、大給恒と花房義質が副社長に選任された。新たに定められた定款《ていかん》の第八条に社の目的があげてある。

第八条　本社ハ戦地ノ傷者及ヒ病者ヲ救護スルヲ目的トス

前項主タル目的ノ外《ホカ》、天災又ハ事変アル場合ニ於ケル傷者及病者ヲモ救護スルコトアルヘシ日本赤十字社の事務所は、博愛社当時の明治十九年（一八八六）十月以来、飯田町四丁目三一番地にあり、ここは陸軍省からの借用地であったが、明治二十二年にいったん返納し、その後皇宮付属地となったのち、日本赤十字社に下賜された。しかし明治二十七年（一八九四）五月八日からは少し離れた飯田町六丁目一番地（現、千代田区飯田橋四丁目）に移転した。これは甲武鉄道株式会社が飯田町駅の駅舎を建造するために、六丁目の同社所有地との交換を申し入れてきたからである。そのため飯田橋から靖国神社へ至る通りに面して従来の建物を移築し、また増築をして、新事務所が成った。この事務所は、大正元年（一九一二）十月に芝区芝公園五号地（現、港区芝大門一丁目一番三号）に移転するまで続いた。社業が増進して事務所が狭くなり、執務上の不便が生ずるにいたっても、佐野は事務所の新築を行うことを認めなかった。社業の経費のほかに、多額の資金を消費することを戒め、多少の不便は我慢をしようというのがその趣旨であった。現在、この跡地の飯田橋四丁目に、地元商店会による「日本赤十字社跡」の標柱が立ち、佐野が晩年まで通った事務所を偲ぶ唯一の記念碑となっている。

新病院の建設

飯田町四丁目の事務所と同じ敷地内にあった日本赤十字社病院は、患者の増加に伴って広い敷地と新病院の建設が必要となり、東京府豊多摩郡渋谷村の御料地（現、渋谷区広尾四丁目）の貸し下げが許可されて、明治二十四年（一八九一）五月に新築移転した。この地は下総佐倉藩堀田家の下屋敷跡で、移転当時には、宗吾《そうご》の松とよばれる大木や大名庭園のなごりが残っていた。

新築病院は、ドイツのハイデルベルヒ大学病院を模して建造され、汚水の消毒まで完備した、当時としては先進的な医療施設であった。明治二十五年六月十七日に挙行された開院式には、皇后と皇太后が行啓され、佐野は次のように奏上した。

本院は其規模を彼《か》の有名なるハイデルベルヒ大学病院に執《と》り、内外の構造其宜《よろし》きに適《かな》ひ、各室の配置、空気の容積等、患者医療上毫《ごう》も間然する所なく、加ふるに土地は高燥快濶にして、空気の清潔純良なる、誠に本邦に於て多く得がたき一病院を見るに至れり。（『日本赤十字』第六号、明治二十六年）

なお飯田町の旧病棟は解体して新病院内に移築し、看護婦宿舎および看護婦生徒の教場兼寄宿舎となった。

同病院は、その後も敷地の拡張と増築を重ねて、規模を増大していき、昭和十六年（一九四一）一月に日本赤十字社中央病院と改称した。さらに昭和四十七年（一九七二）には隣接の日本赤十字社産院と合併して日本赤十字社医療センターとなり、現在に及んでいる。

渋谷に新築した当時の病棟の一部は、博物館明治村（犬山市）に移築保存され、病室内部も公開されている。また当時の煉瓦塀は、いまでも同じ位置に残っている。

委員部と支部　博愛社創立時の明治十年（一八七七）に東京本部のほかに熊本・長崎・鹿児島・大阪の各地に支局を設置し、西南戦争中の戦時救護に関する事務を執行した。なかでも熊本支局は佐野が在留して最初の救護員派遣を実施した関係で、東京本部が開設された六月二十五日までは博愛社の本部のような位置にあった。また長崎支局は、佐野が七月に帰京の際に県令北島秀朝に後事を託したのが設置の最初で、八月に桜井忠興が来着して事務を引継いでからは戦時救護の中心となり、九州各地での救護事業を統括した。大阪支局は、佐野が四月に九州へ出張の途中に旧知の大阪造幣局局長の石丸安世に会い、博愛社創設のことを話したのが契機で協力を得るようになり、八月に設置された。西南戦争の終結後は、支局の事務も閉鎖となった。しかし長崎支局は、いったん閉鎖後も再び継続し、委員をおいて社旨の普及に努め、社名の改称時まで存続した。また大阪支局も、石丸委員が寄付金の募集に尽力し、さらに後継者に受け継がれて、明治十六年（一八八三）まで存続した。

明治十四年一月に新制定の博愛社規則に、各府県委員に関する定めがあった。

第九条　本局ヲ東京ニ置キ支局或ハ委員ヲ各府県ニ置ク（後略）

だが実際にはまだ施行されるにはいたらなかった。しかし日本赤十字社の発足とともに、地方の人たちから起こった要望に応じるためと、全国の有志者の協賛を得るために、地方機関の設置が必要となり、明治二十年（一八八七）七月三十日に「地方委員及支部規則」を制定した。これは「日本赤十字社社則」の、

第九条　本社団結ノ主義ヲ普及セシメ本部ト地方トノ聯絡ヲ密ニシ、事業ノ執行ニ便セン為メ各府県ニ地方委員ヲ置ク、地方委員ノ外枢要《ホカスウヨウ》ノ地ニハ特ニ支部ヲ置クコトアルヘシ

の趣旨に基づいて定めたものである。同年十月にはこの規則によって、東京・山形・石川・島根・岡山・徳島の一府五県に委員部が設置され、各知事に委員長を委嘱した。続いて翌月以降、明治二十五年（一八九二）十一月までの間に、全国の道府県に委員部が置かれるにいたった。

一方、「日本赤十字社社則」第九条に、支部の設置もあげてあり、委員部の年醵金、寄付金は本社に送納するのに対し、支部の方は収入金を蓄えて戦時準備用とし、また平時の社事の必要時に使用することも可能であった。そこで支部の方が社業を拡張するのに条件

がよかったので、はじめから支部を設置しようと望む地もあった。あるいは日本赤十字社と同主義をもつ結社を創設して、支部にしようと計画する者もあった。日本赤十字社としては、海外に対して恥ずかしくない体制を整えたうえで、支部を設ける予定であったから、支部設立の内則を設けて、支部が容易に増えないように図った。明治二十一年（一八八八）二月には上京中の地方長官らを招請して、佐野が、地方支部設立は尚早であることや、一国一社の原則を貫くことの重要性について演説した。

本社ノ地方支部規則ニ拠《ヨ》ラスシテ、特ニ本社ト同主義ナル一社ヲ設ケ、其規則ニ寄セラルル向アリ。其美挙素《モト》ヨリ喜フヘシト雖《イエド》モ、或ハ全国人民一致団結ノ便ヲ失フニ至ランカ。（後略）

しかし地方の状勢は、支部設立内則を廃止させるほどの動きを見せ、明治二十一年七月に広島支部が設立されたのを最初として、委員部から支部へ移行するものが相ついだ。このため、明治二十九年（一八九六）七月一日には「支部規則」の改定が行われ、そのときまで残っていた委員部もすべて支部となり、ここに支部組織が確立するにいたった。この地方組織の拡充により、社員数は急速に増加していき、明治三十年末に四五万五六三八人、創立二十五周年の明治三十五年末には八五万一九一八人となった。

東京本部の社員総会（年一回）にならって、地方部でも社員総会を開くようになった。佐野も、明治二十二年（一八八九）五月二十四日の群馬県委員部の社員総会に出席したのをはじめ、全国各地へしばしば赴いた。地方を巡回する際には、汽車が駅に到着すると、必ずホームに降りて送迎社員に答礼し、車中から挨拶することはしなかったという。道中でも、人力車を降りて送迎社員の列が続く限り左右に答礼しながら徒歩を続けた。旅館では、訪問者が相ついで休息の間もないほどであっても、着衣を正して来訪者に接し、また新聞記者に社事を説明したり、詩を作って所感を述べている。

篤志看護婦人会の発足

博愛社が日本赤十字社と改称する前日の明治二十年（一八八七）五月十九日、有栖川宮熾仁親王妃董子《ただこ》の台旨により、有志の貴婦人らと橋本綱常、石黒忠悳《ただのり》が本社事務所に参集し、日本赤十字社監督のもとに、篤志看護婦人会を設立することを決めた。

その五日前の五月十四日に、佐野が花房義質《よしもと》の夫人千鶴子《ちずこ》あてに出した次のような書状が現存する。

看護法并《ナラビニ》（ママ）急救法ハ貴賤ノ別ナク人世必要ノモノナルノミナラス、本社々員タル慈婦《ジフ》人《ジン》ニハ殊ニ欠ク可ラサルモノニ付、毎月本社ニ於テ有志婦人ヲ会シ教習相開度《アイヒラキタク》、右

方法等取設ニ付、総長有栖川宮御息所ヨリ御相談被為在《アラセラレ》候間、来ル十九日午後一時三十分本社へ御来会被下度《クダサレタク》此段申進候也。

明治廿年五月十四日　　博愛社副総長　佐野常民

花房令夫人閣下

（花房義質文書　東京都立大学所蔵）

当日の会合に佐野が出席したか否かは不明であるが、これと同文の書状は華族や上流階級の夫人あてに多く出したのであろう。有栖川宮妃董子《ただこ》が同会設立を首唱したのは、次のような理由によるという。

一ハ皇后陛下軍人救療ノ事業ヲ奨励アラセラルル至仁至慈ノ聖徳ヲ奉体シ、一ハ看護ノ業ノ最モ貴重スヘキ所以《ユエン》ヲ示シ、率先シテ世ノ標準トナリ、以テ本邦婦女ノ美風ヲ養成助長センコトヲ希望セラルルニ外《ホカ》ナラサルナリ。（『日本赤十字社史稿』）

前年から総長であった有栖川宮は、博愛社新築事務所においての最初の社員総会（明治十九年十月三十日）で述べた祝詞のなかで、ヨーロッパの婦人の活動を紹介し、看護の重要性を指摘したことがある。

欧洲文明諸国ノ例ヲ按《アン》スルニ、軍人ノ救護ニ従事スル会社ニシテ婦人ノ幇助《ホウジョ》ヲ仮ラサルハナク、或ハ別ニ婦人社ヲ設ケテ其職務権理等ヲ分離シ、或ハ婦人ノ結社男子ノ結社ニ先《サキン》シタル者アリ。其組織ト目的ハ皇族貴族ノ夫人先導者トナリ、有志ノ婦人ヲ集合シテ、看護法ヲ研究シ救療品ヲ調製シ、以テ男子ノ結社ヲ助クルニアリ。就中《ナカンズク》其完全ナルモノハ独乙《ドイツ》国ノ愛国婦人社ニシテ、皇后アウグスト陛下之カ総裁トナリ、救済看護ノ方法一トシテ整備セサルナク、其盛大ヲナス最モ著明ナルモノトス。夫《ソ》レ婦人ノ稟性《ヒンセイ》ハ温柔沈静ニシテ、患者ヲ看護スルニ懇篤慎重ナルト、救療品ナドヲ調理スルニ細心周到《シユウトウ》ナルトノ如キ、最モ其長所ナルハ皆人ノ知ル所ナリ。是レ欧洲各国ノ赤十字社ニハ必ス婦人ノ協力ヲ要スル所以ニシテ、軍人救護ノ事業中欠ク可ラサル者トス。（博愛社資料）

すでに明治十六年（一八八三）に渡欧した内務省御用掛の柴田承桂も、翌年六月二十六日の社員総会で「欧洲赤十字社概況」と題する帰朝演説を行った際に、赤十字社の特色として婦人社員の活動をあげている。

赤十字社ノ組織中、尤《モツトモ》特異ノ事実トシテ注目スヘキハ、婦人ノ之ニ協力スルコトナリ。（「欧洲赤十字社概況」）

柴田も演説のなかでドイツ赤十字社の名をあげ、『独乙《ドイツ》赤十字婦人社員必携』を持ち帰っている。

有栖川宮は、ちょうど柴田と同じ年にロシア皇帝の即位式に天皇陛下の名代として出席のため渡欧し、ヨーロッパ各国の王室を訪問して、王室の女性が慈善事業に関わっているようすを見学していたのである。したがってこの祝詞のなかの婦人の活動についての知識は、みずからの見聞によっていた。いよいよ日本の赤十字社が正式に発足する時期にあたり、外国赤十字社にならって、看護を学び、ボランティアとして活動する婦人団体の設立を、董子《ただこ》妃が首唱するように仕向けたのは、有栖川宮であったと考えられる。

五月十九日の集会に出席した妃殿下四人と貴婦人二五人は、篤志看護婦人会の発起人となり、規約一一ヵ条を定めて、六月二日に発会することとした。発起人二九人のなかには、三条、毛利、鍋島、蜂須賀、伊藤、山県、井上、西郷など上流華族の夫人とともに、佐野夫人駒子の名もあった。この日、有栖川宮董子妃殿下を幹事長に、三人の妃殿下を副幹事長に推戴した。

規約によると、会員は日本赤十字社社員で、「年齢族籍ニ拘《カカ》ハラス平素品行貞淑ニシテ患者看護ニ熱心ナル者」とし、「看護法救急法ノ如キ看護ニ必要ナル学術ヲ教授」して、卒業の後には証書を授与することなどが定められていた。当時の博愛社婦人社員九二名にあてて規約を送付し、入会を勧めた。

看護法の講習会

六月二日に日本赤十字社ではじめての本会を開き、陸軍一等軍医足立寛を講師に看護法の講習が開始された。ちょうどこの前年には婦人矯風会が発足し、婦人慈善会などの活動も始まったなかでの開会であった。『女学雑誌』第八八号（明治二十年十二月十日）の新報欄に「篤志看護婦人会」と題して、例会のようすが報告されている。

篤志看護婦人会　（前略）会員たるものは毎月第一第三の木曜日を以て看護法救急法の如き学術を学習せしめ、重《お》もに戦時軍人の負傷者を看護するの方法を研究するにありて、講師は赤十字社員陸軍一等軍医足立寛氏の負担にて、其の教程は既に第三号まで出来し追々続出する由、同会は開設以来日猶《な》ほ浅きも、余程の入会者ありて日に増加の景況なりと。

この年の十二月には元博愛社総長の小松宮彰仁親王がヨーロッパから帰朝して、日本赤十字社総裁に就任されたのに伴い、頼子妃殿下が篤志看護婦人会幹事長に就任、有栖川宮董子妃殿下は幹事副長となられた。翌二十一年一月二十三日に皇后陛下が日本赤十字社病院に行啓の際には、当日行われていた篤志看護婦人会の講義をしばし聴講された。同月から帝国大学医科大学の御雇い教師スクリバ（外科）も講師となり、足立寛と交互に看護法の講義を行った。また三宮八重野のように、ヨーロッパ滞在中に調査した「赤十字事業及婦人看護の景況」について演説する会員もいた。

発会から一年後の明治二十一年六月二十三日には、日本赤十字社第二回社員総会の席上で、社長の佐野が篤志看護婦人会修業証書授与の件と人名を、臨席された皇后陛下に言上し、授与式を挙行した。この第一回修業証書授与者は七七人であった。修業証書には「看護学修業候事」と記され、看護を学問と認めている。

明治二十二年（一八八九）には足立寛の講義録を集大成した『篤志看護婦人会教程』が刊行された。足立は会員の希望に応じて、育児談や救急処置をも講義したので、それらの内容も『育児談』（明治二十四年刊）、『救急処置』（明治二十六年刊）として出版された。

篤志看護婦人会は「戦時軍人患者ノ看護法ヲ研究スル」と規約第一条に示してあるものの、濃尾大地震（明治二十四年）の際には病衣三〇〇枚を傷病者に贈るなど、早くから平時救護にも協力していた。また赤十字看護婦の養成が開始されると、幹事のなかから看護婦養成委員に任命された者があり、看護業務の奨励に努めて、当時の一般社会が看護婦の職業を賤業視していた偏見を正す役割を果たした。

明治三十四年（一九〇一）四月の規約の改正に伴い、幹事長の小松宮頼子妃殿下は総裁に就任され、新たに設けた会長に鍋島直大《なおひろ》夫人栄子《ながこ》が選ばれた。鍋島直大は、旧佐賀藩主の鍋島直正の嫡子である。また地方においても、日本赤十字社各支部の篤志看護婦人会が誕生し、本会の支会という形になった。

なお篤志看護婦人会は、太平洋戦争中まで活動を続けたが、昭和二十年（一九四五）八月の終戦を機に廃会となった。戦後は新たに赤十字奉仕団が発足して、各地でボランティア活動を行っている。

看護婦の養成と救護

赤十字看護教育の開始

女性救護員養成への歩み

日本赤十字社病院が東京府下の豊多摩郡渋谷村（現、渋谷区広尾四丁目）に移転した翌年の、明治二十五年（一八九二）五月三十日に同病院において最初の看護婦生徒卒業証書授与式が挙行された。当日、卒業証書を受けたのは、二年前の明治二十三年（一八九〇）春に入学した第一回生一〇名と、その半年後の秋に入学の第二回生九名であった。

社長として出席した佐野は演説のなかで、「諸氏ハ実ニ是レ本社看護婦ノ始祖ニシテ」と述べ、赤十字看護婦の誕生を感慨をもって迎えている。

日本において専門教育を受けた看護婦が誕生したのは、その四年前の明治二十一年（一八八八）であり、東京慈恵医院看護婦教育所、京都看病婦学校、桜井女学校付属看護婦養成所、帝国大学医科大学第一医院看護婦養成所が、それぞれ最初の卒業生を出した。看護教育が明治十年代末に開始される以前にも、各地の公私立病院には看護婦（看病婦）がいたが、彼女らは初歩的な看護法を医師や先輩から習った程度であった。

すでに江戸時代にも、小石川養生所（江戸）には「女部屋看病人」「女看病人」がいたことが記録に見え（東京市役所編『東京市史稿』救済篇第一）、また戊辰《ぼしん》戦争の際には横浜軍陣病院、東京大病院で、女性看病人が戦傷者の看護に従事した。明治初頭以来、病院が設立されるにつれて、看護人教育の必要性や、看護・救護事業に従事するには女性が適していることを説く人が現われ出した。たとえば明治十二年（一八七九）の『教育雑誌』第一〇九号（文部省刊行）には、欧米の看護歴史と看護教育の必要性を説いたアメリカ教育局長官ジョン・イートンの演説が掲載され、また同年の『東京医事新誌』第八七号にも「看護人教育の切要」という論説（大阪、回陽道人投稿）が載っている。

西南戦争時には男性救護人のみであった博愛社においても、女性救護員の必要性が指摘され始めた。明治十三年（一八八〇）五月二十四日の社員総会で、社員ハインリッヒ・シーボルトは、「疾患ノ看護ニハ公衆ノ知ル如ク婦人ヨリ善ナルハナシ」と、ヨーロッパにおける女性救護員の活動を紹介している（一〇三ページ参照）。

ついで明治十七年（一八八四）六月二十六日の社員総会では、前年に渡欧した柴田承桂が、「欧洲赤十字社概況」と題する帰朝演説のなかで、婦人は救護事業を行ううえで適した特性をもつ旨を説いている。

婦人ノ本性トシテ尤《モットモ》戦士救護ノ目的ニ適スルハ、病者負傷者ノ牀《ショウ》辺《ヘン》ニ侍《ジ》シテ懇切ノ看護ヲ尽スコト、日夜睡眠ヲ忍ンテ看護ノ労ニ堪ユルコト、甘言温和不幸ノ人ヲ慰諭《イユ》スルニ長スルコト、座間及身辺ノ清潔ヲ好ムコト、単ニ病室ニ現在スルノミニシテ、已《ステ》ニ他人ノ言語挙動ヲ粗野ナラシメサルコト等ノ諸件ニシテ、其他救療看護ノ器具中ニハ、婦人ニ非《アラ》サレハ調製シ能《アタ》ハサルモノアリ。（博愛社資料）

彼はさらに、各国赤十字社の平時事業としての看護人養成にふれ、ドイツ、オーストリア、スウェーデン、デンマークの諸国ではすでに女性救護員の養成をしていることを明らかにし、実際にウィーンの「ルードルフ社ノ看護婦教養所及其附属病院」を見学したと報告している。柴田が持ち帰った資料のなかにも、「巴丁《バーデン》国婦人社看病婦養成規則」などがあった。

明治十七年（一八八四）に渡欧した橋本綱常は、第三回赤十字国際会議にオブザーバーとして出席したが、この会議の決議事項のなかに看護婦の教育に関する文言があった。

各社ハ平時ヨリ、赤十字社ノ地方移動病院若《モシ》クハ常設病院ノ監督ヲ委任スベキ、婦人ノ教育ヲ拡張シ、若クハ創設スルヲ宜シトス

実は赤十字看護婦の養成に関しては、第二回赤十字国際会議（一八六九年、ベルリン）の決議事項にすでに明示されていた。

各国赤十字社ハ看護婦ノ教育ニ備フルノ任アルモノトス

この両会議の報告書（原書）が現存するから、佐野も早いころにこの決議を知った可能性があり、また実際に柴田や橋本の報告を聞いているから、看護婦の養成については早くから佐野の構想のなかにあったとみてよい。

救護員養成のための病院

明治十八年（一八八五）一月に帰国した橋本は、救護員養成機関としての病院設立を急務とする建議書を博愛社に提出した。同年十一月十二日の社員総会で、橋本が持ち帰った「赤十字」の訳本が配布され、総長小松宮彰仁《あきひと》親王が、外科病院を設立して「医員看護夫（ママ）ノ養成」を行う方針を明らかにされた。翌十九年五月十四日に総長が陸軍大臣宛てに出した病院建設のための「官用地拝借願書」には、「看護人看病婦ヲ養成シ」とあって、女性救護員の養成が明示してある。

明治十九年（一八八六）十一月十七日の博愛社病院（飯田町）開院式当日、初代院長に就任した橋本綱常が臨席された皇后陛下に、各国赤十字社の盛況と看護婦養成の事情を言上した際に、博愛社でも看護婦養成の計画があることにふれ、それが新聞紙上にも報道された（一一六ページ参照）。

その前月に博愛社から陸軍大臣へ提出した依頼書のなかで、「医員の設置、看護人、看護婦の養成其他治療方に関する諸件」を橋本綱常に嘱託したい旨が記されていた。これにより橋本は、博愛社（翌年から日本赤十字社）の救護員養成の責任を負うこととなった。明治二十年（一八八七）五月二十日に、社名の変更に伴って日本赤十字社病院と改称した後に、橋本は医員を看護婦養成の教員にするために、厳格な指導を行うようになった。他の養成施設のように外国から看護学の教師を招くことは、資金のうえなどから困難だったからである。

明治二十二年（一八八九）六月十四日には「日本赤十字社看護婦養成規則」（全二〇条）が成り、冒頭には戦時救護のための看護者養成が明示された。

第一条　本社看護婦養成所ヲ設ケ、生徒ヲ置キテ卒業後戦時ニ於テ患者ヲ看護セシムル用ニ供スこれは博愛社病院開院時の院則に「軍隊ノ負傷者ヲ救護スヘキ看護者ヲ養成シ」とあるのとともに、ジュネーブ条約の趣旨を受けていることが明らかである。戦時救護は、近代において避けることができなかった戦争の犠牲者（武器を捨てた一人の人間）の苦痛を救うのが最大の目的であり、赤十字看護教育の意図もそこにあった。

同じ年の十二月五日に足立寛（篤志看護婦人会講師）、桜井忠興（日本赤十字社幹事）、山上兼善（日本赤十字社病院主任医）の三人を看護婦養成委員に任命した。足立寛は、かつて適塾に学び（佐野の後輩）、明治維新後は医学校教授、陸軍軍医学舎教官、東京大学医学部教授となり、陸軍看護法の基礎を築いた人で、明治二十四年から同二十九年まで看護婦養成委員長として、赤十字看護教育に寄与した。

同月に看護婦生徒募集広告を主要な新聞や『女学雑誌』に掲載したところ、二六人の応募者があり、翌年二月の入学試験で第一回生一〇人を選んだ。この一〇人のうち八人は士族の娘であった。

赤十字看護婦の誕生

明治二十三年（一八九〇）四月一日の授業式（開講式）ののち、飯田町の病院の一部を教室として授業を開始し、午後は病室で実習を行った。教員はすべて病院の医員で、その大半は東京大学医学部別課で橋本の教えを受けた若い人たちであった。当時の教科は次のとおりであった。

解剖学大意、生理学大意、消毒法大意、看護法、治療介輔、綳帯法、救急法、傷者運搬法、実地温習

翌年五月には東京府下の渋谷村に病院が移転し、八月に飯田町の病棟を移築した教場と寄宿舎が成った。

第一回生一〇人は、翌二十四年十月に一年半の修学期限を終えて、養成規則で定められた二年間の実務についた。その直後の十月二十八日朝、濃尾大地震が発生し、一〇人全員が、従来から勤務していた看護婦一〇人とともに、愛知県と岐阜県の救護所へ派遣された。救護班の出発に際し、佐野は次の三要件を守るように諭告した。これは現存する看護婦への訓示の最初のものである。

一　至誠以テ救護ニ従事スヘキ事

（前略）此等ノ患者ハ貴賤貧富ヲ分タス一斉ノ懇遇ヲナスコト、恰《アタカ》モ負傷兵ヲ敵味方ノ別ナク救護スルカ如ク、人生共愛ノ主義ヲ拡充シ、只管《ヒタスラ》其苦患ヲ軽減シ、其心意ヲ安慰スルコトニ勉メ、万事至誠ヲ以テ懇篤《コントク》ニ看護ス可《ベ》シ

一　奮勉以テ艱苦《カンク》ニ堪ヘキ事

（前略）日夜ノ別ナク霜露ヲ冒《オカ》シ風雨ヲ凌《シノ》キ、山野ノ間ニ夥多《カタ》ナル患者ヲ救護スルモノナレハ、不撓不屈《フトウフクツ》ノ精神ヲ以テ之ニ当ルニアラサレハ、其目的ヲ達シ得ヘカラス（後略）

一　節操以テ品行ヲ慎《ツツシ》ムヘキ事

（前略）心志廉潔《レンケツ》品行方正ナラサレハ、其効績モ竟《ツイ》ニ水泡ニ帰セン、零砕《レイサイ》残片タリトモ、患者ノ贈遺《ゾウイ》ヲ受ク可《ベ》カラサルハ勿論、苟《イヤシク》モ応報ノ念ヲ有ス可ラス（後略）

佐野が看護婦たちに、きびしく行動を戒めているのは、看護の技術だけでなく、人格も優れている必要があると考えていたからである。この災害救護は、日本赤十字社が養成した看護婦の初の活動となり、はからずも修学終了直後に、赤十字看護婦の存在を世間に示す結果となった。

翌二十五年五月三十日の第一回生・第二回生卒業証書授与式で、佐野は特にこの災害救護にふれ、世の人々から好評を得たと述べている。

昨年尾濃ノ震災ハ其惨劇毫《ゴウ》モ戦時ノ情況ニ譲ラス、諸氏ハ其学ヒ得タル術業ヲ以テ実地之カ救護ニ従事シ、日夜怠ラス奮励シテ能ク看護ノ効益ヲ見《アラ》ハシ、大ニ世人ノ好評ヲ博シ得タルハ、固《モ》トヨリ病院長始委員長教員諸君ノ教養其宜シキヲ得タルノ致ス所ナリト雖《イエド》モ、亦諸氏カ平素ノ練磨ト深切トノ効果ニ外《ホカ》ナラス、余ノ深ク感スル所ナリ。

そしてその際にあげた三要件を今後も守ることを再度求め、これからも学術と精神の錬磨を常に心がけるように諭した。

余カ昨年特ニ諭示セシ三条ノ要件ヲ恪守《カクシュ》シ、学術研究ト共ニ其徳性ヲ涵養シ、且《カ》ツ夫レ災地救護ノ実験ニ徴シテ、愈々《イヨイヨ》其学業ノ発達ヲ図ラハ、遂ニ完全ナル本社ノ看護婦タルニ至ルヘシ、是今日諸氏ニ対シテ本社社員ノ期望スル所ナリ。

赤十字看護教育開始から三年目の明治二十六年（一八九三）六月の第七回日本赤十字社社員総会では、早くも教育の成果が部外者の目にとまっている。

当日殊に編者の注目に触れたるものは、五十余名の看護婦なりき。（中略）何《いず》れも皆謹粛にして、且つ温和の風を帯び、平素同社が養成する所の一班をみるに足る。（『女学雑誌』第三四七号）

明治二十六年十月十日には、三年半にわたる修学と実務を終えた第一回生の解散式を行った。佐野は、全員揃って支障なくこの日を迎えたことを快事とし、院長、教員の師恩を永久に忘れてはならないと諭した。さらに、これからも身体の健康と節操を心がけて、本社の救護事業実施の際にはいつでも参加できるようにと述べた。養成規則では、卒業後二〇年間は本社の召募に応じることが定めてあった。この救護事業は戦時救護に限らず、地震、津波などの災害救護をも指し、「天災ノ救護ハ何時ヲ期ス可カラス」と注意を与えている。

またフローレンス・ナイチンゲールの功績をとりあげて、

其始祖タル彼《カ》ノナイチンゲール嬢カ事蹟ニ省《カエリ》ミ、嬢カ希世ノ徳行ト不撓《フトウ》不屈《フクツ》ノ精神ト
ヲ鑑《カガミ》トシ、日夜映射シテ怠ルコトナク、

と、彼女を鑑として努力するよう求めている。なお当時、ナイチンゲールは生存していた。終わりに、従来告示したところの要旨を参考として交付するから、常に服膺するようにと述べている。この要旨とは、おそらく前掲の三要件を指すものと考えられる。彼は常に、この三要件を看護教育の柱としていたから、従来の佐野の伝記書のなかでは、後述の「日本赤十字社看護婦訓誡」についてさえ、その要旨をまとめればこの三条となると記述されているほどである。

第一回生一〇人のうち三人はそのまま病院に勤務し、他の人たちは帰郷したが、日清戦争（明治二十七・八年戦役）、日露戦争（明治三十七・八年戦役）では日本赤十字社救護員と

して活動した。また各地の看護法講習会の指導者となったり、雑誌に看護法の記事を掲載した者もいた（竹中スエ「赤痢病の看護法」『婦人矯風会雑誌』第一号）。彼女らの大半は結婚をしたが、佐野が諭した赤十字看護婦の始祖としての名誉を全《まっと》うする人生を送った。

第二回生のなかには、はじめて支部（京都、広島、愛媛）から派遣された者がいた。彼女らは修学後半年間の実務のみで各支部へ戻り、後進の指導に従事することとなった。明治二十六年（一八九三）二月に広島支部が看護婦養成を開始したのに続いて、大阪、京都、愛媛などの各支部でも養成を開始した。まだ支部病院をもたなかったので、地元の病院や医学校に委託して看護教育を行った。

日清戦争の際には、各支部からも看護婦が派遣されたものの、人員が不足したため、支部によっては速成看護婦の養成をも実施した。この戦時救護には修学中の看護婦生徒も加わり、清国傷病者の看護などに従事した。

明治二十六年九月には「看護婦養成規則」の改正を行い、戦時とともに天災の際にも救護の招集に応ずることや、学科のほかに軍人勅諭、陸海軍人等級及び徽章《きしょう》と、赤十字条約（ジュネーブ条約）の大要を教授することを定めた。看護婦生徒たちは、ジュネーブ条約の一〇ヵ条を暗誦できるまでになったという。

支部において看護婦養成を開始するとともに、支部模範生徒を選出して東京の日本赤十字社病院（本社病院）で教育することも始まった。明治二十九年（一八九六）一月、佐野は四月から始まる支部模範生徒の受入れを前にして、本社病院の看護婦と看護婦生徒に諭告を発し、諸子《しょし》は全国の赤十字看護婦の初代であり、その良否は全体の良否に関わると、責任の重さを説いた。

各地ヨリ招集スル生徒ハ、各地ニ於テ養成スル看護婦ノ種子タルヘキ者ナリ、故ニ十分ノ良種タランコトヲ要スルハ勿論、万一此ノ種子ニシテ不良ナル時ハ、後ノ看護婦モ亦必ス不良ノ者トナルヘキハ言ヲ待タス。（中略）此ノ模範養成ハ全国準備ノ根元ナリ、試験場ナリ、善良ナル結果ヲ得ルカ否ヤハ、種子ノ種子タル諸子ノ学術行状ノ如何《イカン》ニ関スルモノト云フヘキナリ。（後略）

看護教育の指針

日本赤十字社病院（本社病院）および支部において看護婦の養成を開始したものの、養成方法や修学年限は一定せず、看護技術などのうえに差が生じた。そこで佐野は、各支部とも同一方針のもとに看護教育を実施する計画をたてた。そのため明治二十九年（一八九六）五月に「日本赤十字社地方部看護婦養成規則」を定めるとともに、その翌月にははじめての本格的な教科書である『日本赤十字社看護学教程』を刊行した。巻頭の序文のなかで佐野は、本書を使用して教育指導すれば、全国的に教育方針が一貫し、適任の看護婦が養成できると述べている。

本書は看護婦養成委員長の足立寛が編集したが、冒頭の序論には、看護婦が守るべき心得があげてある。看護婦は常識を備え技術に熟練しているだけでなく、心身ともに健全であることを強調し、精神的要件として次のような一〇ヵ条の訓示を掲げている。

一　慈仁ニシテ懇篤ナルコト
二　忍耐ニシテ事ニ屈セザルコト
三　柔順ニシテ命令ニ服従スルコト
四　温和ニシテ患者ヲ慰撫《イブ》スルコト
五　周密ニシテ作業ニ敏活ナルコト
六　貞操ニシテ自ラ重スルコト
七　謙譲《ケンジヨウ》ニシテ婦徳ヲ修《オサム》ルコト
八　挙動静粛ニシテ多弁ナラザルコト
九　修容清素ニシテ華奢《キヤシヤ》ニ流レザルコト
十　学術精深ニシテ応用宜《ヨロ》シキヲ得ルコト

この一〇ヵ条の内容は、佐野が常に赤十字看護婦に求めていた誡めであり、佐野の意見により掲載されたことが、次の文によっても判明する。

濃尾震災に際し佐野社長は三ケ条を訓諭、（中略）看護婦に対し精神上の訓誡を与えられたるは蓋《けだ》し之を以て初めなりとす。爾来《じらい》看護婦生徒卒業に方《あた》り、又は平常に在っても、事に臨み折に触れては、反覆訓誡せらるるが故に、日本赤十字社看護婦となって、此三ケ条を心得ざる者は一人もなき筈なれども、（中略）近頃足立先生編纂看護学教程の序論中に、精神涵養《かんよう》上の要目十項を挙示せられたり。（清水俊「看護婦論」『日本赤十字』第九八号、明治二十九年）

この第九条に「清素」をあげているが、後述の「看護婦訓誡」にも、清潔法を守り、容色を飾ってはならないという語句があり、またその以前の『澳国博覧会報告書』の「制度」の部においても、衣食住の生活のなかで最も心を用いるべきは清潔であり、虚飾や華美は慎まねばならないと述べている。つまり実行力のある清楚な看護婦こそ、佐野が求めていた看護婦像であろうと考えられる。

「看護婦訓誡」の発布

看護婦と看護婦生徒に対してしばしば訓示を行ってきた佐野は、明治三十一年（一八九八）八月十八日に「日本赤十字社看護婦訓誡」を発布した。

これは従来の訓示を集大成したものであって、精神教育の指針を示している。その前半部には、日本赤十字社の主旨をはじめ看護救療の歴史を述べてあり、赤十字看護婦に最も必要なのは徳義であると説いている。

夫《ソ》レ徳義ハ天下ノ大経万行ノ大本ナレハ、凡《オヨ》ソ人タル者ノ常道ナリト雖《イエド》モ、忠愛慈善ノ業務ニ従事スル者、即チ我赤十字社看護婦ニ在テハ、殊ニ心ヲ此大経大本ニ用ヰサルヘカラス。如何《イカ》ニ看護ノ学術ハ精練卓絶ナルモ、苟《イヤシク》モ徳義ニ悖戻《ハイレイ》スルノ行為アルニ於テハ、已《スデ》ニ日本赤十字社看護婦タルノ資格ヲ亡失シタル者ト一般ナリト知ルヘシ。

さらに後半部には、赤十字看護婦が守るべき二〇ヵ条の教えを掲げてあり、次のように敏活な行動と品行方正をここでも求めている。

一　治療ノ介輔ハ敏活ニシテ且静粛ヲ守リ、傷病者ヲ看護スルニ当テハ愛憎偏頗《アイゾウヘンパ》ノ心ナク、忠良易直、懇篤親切ヲ旨トスヘシ

六　患者若《モシ》クハ其親族ヨリ、看護報謝ノ意ヲ表スル為メ金銭物品等ヲ恵贈スル者アルモ、我社旨ニ対シ聊《イササ》カタリトモ決シテ之レヲ受納スルヲ許サス

八　艱苦《カンク》ヲ忍ヒ欠乏ニ堪フルハ救護員タル者ノ本分ナレハ、宿舎ノ陋隘《ロウアイ》食物被服ノ粗悪ナル場合、或ハ劇務夜ヲ徹スル等ノコトアルモ、決シテ不平ヲ鳴ラスヘカラス

十三　凡《オヨ》ソ団体組織ノ人ニ在テハ、瑣末《サマツ》ナル形容上ニモ亦注意セサルヘカラス、服装ヲ整ヘ姿勢ヲ正シ、長上ニ対スル時ハ謹テ敬意ヲ表シ、同曹《ドウソウ》ト交ハルニモ亦礼儀ヲ紊《ミダ》ルヘカラス

十七　看護婦ノ最モ大切ナルハ品行節操ニ在リ、一タヒ品行ヲ破リ節操ヲ失フコトアルトキハ、万善一時ニ消滅シテ名誉ハ忽チ墜落ス、故ニ勤務中ト否トニ論ナク内ニ在テモ必ス之ヲ慎ミ、外ニ在テモ必ス之ヲ戒メ須臾《シュユ》モ忘ルヘカラス

十九　自己ノ学術普通看護婦ノ学術ニ勝レリトシ、慢心小成ニ安ンスヘカラス、卒業帰家ノ後モ常ニ心ヲ学術ノ温習《オンシュウ》ニ注キ、良医ノ学説講義若クハ大手術等アルニ際シテハ、懇請シテ成ルヘク之ヲ参聴参観スルニ勉ムヘシ

佐野がこのように精神教育を重要視したのは、看護婦が国際救護に加わる場合を考えていたからであって、その二年後の北清事変（明治三十三年）では早くも赤十字看護婦がフランス人らの救護に従事し、後述（一八五ページ）のように評価は良好であった。

佐野の没後、日露戦争（明治三十七・八年戦役）の戦時救護を経て、第一次世界大戦で

はイギリス・フランス・ロシアへ派遣した赤十字看護婦が初の国外救護を行って、その行動が賞賛を受けた。国際舞台に立っても遜色《そんしょく》なく活動できるようにと、常に看護婦たちに諭《さと》していた佐野の遺志は、みごとに果たされたのである。

また明治四十二年（一九〇九）以後三回にわたって国際看護婦協会大会に出席した萩原タケ（日本赤十字社病院第四代看護婦監督）のように、国際会議の場で活動できる看護婦が出たことも、佐野の指導の結果とみることができる。

佐野は若い時から教育に関する意見をもち、佐賀の藩校弘道館の教育改革案を提出したことがある。『澳国《おうこく》博覧会報告書』の「教育」の部でも、日本の教育に関する意見を述べて、すでに成人学校の必要性まで説いている。また知育ばかり発達させても徳育が劣っては完全ではないという、人間形成についての意見を述べたこともある。赤十字看護婦養成にあたっても、佐野の教育観が反映していることが考えられるのである。

なお「看護婦訓誡」は、そののち教科の副科として、救護員心得などとともに教授されたが、明治四十三年（一九一〇）刊行の教科書『甲種看護教程』からは、修身の教科に一〇ヵ条の訓示があげられている。この一〇ヵ条は、前述の『看護学教程』の序論にあるものを少し改めてであり、さらに大正初年の改訂版でも再び語句に変更がある。昭和年代に入ると、「一　博愛ニシテ懇篤親切ナルコト」に始まるその一〇ヵ条を「救護員十訓」と称し、赤十字看護婦が守るべき心得の基本とされた。したがって明治年代の佐野の訓示は、形を変えながらも昭和年代にまで受け継がれ、永く赤十字看護婦の精神的支柱となったのである。

世界の看護婦のなかで特に看護活動に功績のあった者が選ばれる、フローレンス・ナイチンゲール記章の受章者が、第一回（一九二〇年〈大正九年〉）以来、日本赤十字社の看護婦に多いのも、看護婦養成に意を注いだ佐野の努力の表れであったといっても過言ではなかろう。

赤十字看護教育は、その後各地に開院した支部病院で実施されてきたが、昭和二十一年（一九四六）以後は専門学校（旧制）と高等看護学院として独立し、現在では看護大学・短期大学・看護専門学校での教育となっている。

日本赤十字社看護人の養成

博愛社の最初の救護活動となった西南戦争における看護要員は、男性の看護長、看護手、看病夫であり、その大部分は看病夫であった。明治十三年（一八八〇）二月にはじめて「看護補員規則」を制定し、同年五月に陸軍病院看病人と看病卒のうち満期解職者七名を看護補員に採用した。まず看護の習熟者を得て、いつ必要となるかもしれない救護活動に備えるためであった。

明治十四年（一八八二）一月に新しく制定した社則のなかに「医員看護補員準備規則」があり、これは前年の「看護補員規則」を改正したものである。看護補員には、看護人と看護手の二種があり、看護技術に習熟したものと契約を結んで、看護要員を確保しておくことを定めている。この規則により俸給を定めた者以外に、戦時に俸給を請わないで応募する看護補員には「技術ヲ学ハシメルコトアルヘシ」とあるのも、救護事業の成果をあげるためには、看護の質の高さが要件であったからである。

しかしその後、柴田承桂や橋本綱常のヨーロッパ諸国赤十字社の調査の結果、女性救護員の必要性が認められ、明治二十一年（一八八八）の看護人五名の契約満期とともに、男性救護人の準備は中止した。日清戦争の際には看護婦の海外派遣は認められなかったので、かつて陸軍看護手であった者や看護の経験をもつ有志者を募り、訓練をしたうえで戦地へ派遣した。

この戦時救護の体験から、看護婦とともに看護人の養成の必要が起こり、明治二十九年（一八九六）五月に「準備看護人規則」を定め、同年九月に『日本赤十字社看護人教科書』を刊行した。看護人生徒の修学期限は一〇ヵ月で、前期の五ヵ月は学業、後期の五ヵ月は実務につくこととし、本部の日本赤十字社病院のほかに各支部でも、地元の病院や医師、陸軍衛戍《えいじゅ》病院に嘱託して、養成を開始した。

『日本赤十字社看護人教科書』の内容は看護婦養成用の『日本赤十字社看護学教程』とほぼ同じであり、明治四十三年（一九一〇）にいずれも改訂されて、『甲種看護教程』（救護看護婦生徒用）と『乙種看護教程』（救護看護人生徒用）となった。

明治三十年（一八九七）十月に日本赤十字社病院で行われた第一回準備看護人生徒卒業式で、花房副社長は、病気のため欠席した佐野社長に代わって式辞を述べ、「生徒諸氏」は日清戦争で救護に従事した人たちであり、今後看護業務に従事するとは限らないが、戦時救護に応ずるために、救護の学術を維持増進するように努めることを求めている。

卒業後に看護職についた人は少ないなかで、本社病院の第一回生総代となった清水耕一は、以前から精神病院の看護夫であり、日清戦争と三陸大津波の際に日本赤十字社救護員となった人で、その後も北清事変、日露戦争の救護に従事し、生涯を精神科看護業務につくして、『新撰看護学』（明治四十一年刊）の著作がある。

相つぐ災害救護

博愛社が日本赤十字社と改称して、新たな出発をした明治二十年代には、日本各地に大災害が起こり、日本赤十字社はさっそくに災害救護事業を実施することとなった。

磐梯山噴火

その最初は、明治二十一年（一八八八）七月十五日の福島県磐梯山《ばんだいさん》噴火の際の災害救護であった。同日午前七時四五分突如として始まった大噴火のため、付近の村々を岩石泥土が襲い、家屋倒壊四七戸、半壊八戸、埋没四五戸、死者四七七人、負傷者五四人という大惨事となった。この惨状を聞かれた皇后陛下の内旨により、佐野は速やかに、飯田町の日本赤十字社病院から医師三人と医療器材を現地へ送ることを決めた。

救護員の一行は二十日に東京を出発し、郡山駅からは徒歩で峠を越えて、翌二十一日に猪苗代町に到着した。すでに地元では臨時病院に負傷者を収容して、医師と身内の者による治療介護を実施していたが、創面が汚れていたり、骨折の処置が不適当な例などが見られたため、救護員は直ちに携行した器材を使用して治療を加えるとともに、病床日誌、処方録を備え、病室の環境整備に務めた。また自宅療養の患者の回診をも行い、地元の医師たちに消毒法や医療材料の製法を習熟させた。飯田町の日本赤十字社病院では、負傷者が多い場合に備えて医師の増員と看護婦の派遣を準備していたが、その必要はなくなった。なお当時の看護婦はまだ正規の教育を受けた者ではなく、経験をもつだけで採用された人たちであった。

二十四日には、たまたま仙台地方へ所用で赴いた佐野が、その途中で被災地の視察に訪れた。現地で福島県知事に会った佐野は、皇后陛下の慈仁の思し召しを伝え、負傷者を慰問して、浴衣地や華族らから依託された救恤《きゅうじゅつ》金を贈った。地元の新聞は、当日の佐野の動静を報道している。

噴火事件彙聞《いぶん》　赤十字社長佐野常民氏は、医科大学教授従六位宇野朗氏外三名と共に去る廿四日仮病院に臨み、負傷者を慰撫し且つ反物百反を贈与せり。(『奥羽日日新聞』

明治二十一年七月二十九日)

救護員は佐野社長に救護の経過を報告したうえで、二十五日に帰京の途についた。佐野が帰京後に救護の状況を皇后陛下に詳しく言上すると、皇后陛下は罹災者救護費を日本赤十字社に賜った。また社員たちや松山婦人慈善会からも救護費が寄せられた。

この救護の際に、帝国大学医科大学大学院の学生であった芳賀《はが》栄次郎(会津出身)と三輪徳寛は、みずからの意志により現地へ赴いて、医療奉仕を行った。まさに今でいう災害救護ボランティアの元祖ともよぶべき活動であった。芳賀は、このときに佐野に会ったのが縁で、のちに日本赤十字社の事業に助力し、赤十字国際会議にも出席した。のちに芳賀は「磐梯山破裂の奇縁」(『博愛』第五七八号、昭和十年七月十日)という小文のなかで当時を回顧して、日本赤十字社救護班が引き上げたあとも、佐野の依頼で治療を続け、この事が縁となって佐野と懇親を重ねるようになったと述べている。

日本赤十字社の最初の災害救護から一〇〇年を経た昭和六十三年(一九八八)に、大噴火で生じた五色沼(磐梯高原)の地に、災害救護の記念碑が日本赤十字社福島県支部によって建立された。

トルコ軍艦沈没事故

明治二十三年（一八九〇）には、日本赤十字社による最初の国際救援が行われた。同年九月十六日午後四時に、和歌山県大島の樫野崎《かしのざき》灯台沖でトルコ軍艦エルトゥール号が沈没し、乗組員六五六人のうち、五八七人が死亡するという遭難事故が起きた。このとき、地元の大島村民に救助された六九人のうち、五三人は負傷者で、なかでも一三人は重傷者であった。このトルコ軍艦は、トルコ皇帝アブデュルハミト二世より日本の天皇に勲章を贈呈するために派遣された、特派大使オスマン・パジャ提督と随員一行を乗せて、同年六月五日に横浜に入港した。これは明治二十年（一八八七）十一月に小松宮彰仁《あきひと》親王が西欧歴訪の折に、トルコ皇帝に大勲位菊花大綬章を贈呈したのに対する答礼使節であった。

特派大使は勲章奉呈を済ませたが、たまたま船中にコレラ患者が発生したため、滞在期間を延長したのであった。九月はあたかも台風襲来の多い時期であるが、本国政府の指示で帰国を急ぐ同艦はあえて出航し、紀州沖で激浪にあって沈没する運命となり、特派大使と艦長も艦とともに沈んだ。

トルコ軍艦沈没の電報を受けた宮内省は、式部官と侍医を派遣することとした。日本赤十字社からも救護員を派遣するようにとの連絡があったので、直ちに医療器材を準備し、飯田町の日本赤十字社病院の医員と看護婦二人ずつが、式部官一行とともに十九日に出発した。ちょうど十九日には、神戸港に停泊中のドイツ軍艦が遭難者を大島から神戸へ移送するために出発していた。二十日に神戸に到着した一行は、ドイツ軍艦の帰港を待つことにし、和田岬消毒所内の乗客停留所を仮病院にあてて、患者収容の準備を行った。翌二十一日朝、ドイツ軍艦が帰港すると、直ちに治療を開始した。言語が通じないために、医員や看護婦による処置を信用せず、殴りかかる者もいたが、誠意をもって懇切に対応した結果、患者の方から治療を求めるようになったという。

同月二十四日にはさらに救護員が増員され、看護婦は四人となった。明治二十三年は赤十字看護婦の養成を開始した年であり、実地に活動するには時期尚早であったので、従来から勤務していた看護婦を派遣した。

救護員の第二次派遣の際に、佐野は社長名をもって遭難患者へ慰問状を送った。

（前略）顧《オモ》フニ諸君ノ九死ヲ出テ一生ヲ得ラレタルハ天神ノ擁護《ヨウゴ》ニシテ、社員等ハ悲哀中僅ニ其心情ヲ慰ムト雖《イエド》モ、時ニ秋暑未タ退カス、且《カツ》万里風土異ナリ不便亦多カランコト一層関心シテ止マサル所ナリ、切ニ望ム、諸君貴体ヲ愛重《アイチヨウ》シ、一日モ早ク全癒ノ慶域ニ進マレンコトヲ。

救護員の一行は、十月二日に救護事業を兵庫県立病院に引き継いで帰京することにしたが、その間に死亡者は一人も出なかった。帰京の際の記念写真には、トルコ人患者とともに白衣白帽の看護婦も写っている。

六九人の生存者は、負傷者の回復を待って、十月十日に日本の巡洋艦の金剛《こんごう》と比叡《ひえい》に分乗して、帰国の途についた。翌年一月二日にイスタンブールに到着すると、日本艦の乗組員たちは市民から大歓迎を受けた。

後にトルコ皇帝から、日本赤十字社病院院長の橋本綱常と医員二人に勲章が贈られてきた。このトルコ軍艦沈没事故における救護事業は、トルコ国民に深い感銘を与え、のちのちまでトルコ人には親日派が多くなったという。遭難事故の翌年九月には、樫野崎の丘の上にエルトゥールル号の記念碑が建立された。

なおこの二年後の明治二十五年（一八九二）十一月三十日朝、愛媛県和気郡堀江村沖でイギリス船ラベーナ号と衝突した軍艦千島号の沈没事故の際には、日本赤十字社愛媛支部が救護員を派遣して、生存した負傷者の治療にあたった。救護員に加わった看護婦は、東京の日本赤十字社病院で看護教育を受けて愛媛に戻ったばかりの第二回生（最初の愛媛支部生）俊野《としの》イワであった。佐野は翌二十六年五月三十日の長崎県委員部社員総会における談話で、彼女のことにふれている。

（前略）赤十字の業にして効蹟を社会に与ふる者、只《ただ》に兵戦の時のみならず、彼《か》の磐梯山噴火の時、又は、尾濃震災の時、或は、土耳其《トルコ》軍艦覆没に際し、皆、速に之れが救護を為し、多少の功果を顕はしたり、特に、千島艦沈没の時の如きは愛媛県に、只一人の看護婦（前年に本社病院にて卒業せし者）ありて、忽《たちまち》に馳せて茲《こ》れに赴き、救護の実効を奏せり。（後略）（『日本赤十字』第一九号、明治二十七年）

濃尾大地震　磐梯山噴火から三年後の明治二十四年（一八九一）十月二十八日午前六時三十八分ごろ発生した濃尾大地震は、日本の内陸地震としては最大のものといわれ、愛知・岐阜両県下を中心に、死者七二七三人、負傷者一万七一七五人、家屋の倒壊一四万二一七七戸に及ぶ大被害をもたらした。

救護をするべき医療機関まで罹災し、あまりにも甚大な惨状のため、愛知県知事は翌二十九日に電報で日本赤十字社救護員の派遣を要請してきた。佐野は直ちに参内して、皇后陛下に災害の状況を内奏すると、すでに報告を聞かれていた皇后陛下から、速やかに医員と看護婦を派遣して救護に尽くすようにとの内旨を受けた。佐野は直ちに日本赤十字社病院に連絡をして、その夜のうちに医員二人と看護婦四人の救護班を派遣した。ついで岐阜

図９　濃尾大地震の災害救護（明治24年）

県知事からも要請があり、三十日朝には医員三人、看護婦六人、事務員一人を同県下に派遣した。しかし負傷者があまりにも多く、救護の手が不足のため、両県知事から再度の要請があり、十一月初めに救護班をふたたび派遣した。また京都支部からも救護班を派遣した。

東京からの救護班には合計二〇人の看護婦がいたが、そのうちの一〇人は、十月に一年半の学業を終えて実務についたばかりの日本赤十字社病院の第一回生であった。佐野ははじめての赤十字看護婦の派遣にあたり、特に諭告を示し、至誠、耐忍、節操の三要件を守って行動するように求めた（一四八ページ参照）。

救護員全員は、両県下に設置された仮病院や出張所で、一ヵ月にわたり寝食を忘れて救護に尽力し、延べ一万一九四人の患者を治療した。患者のなかには老人が多く、重傷者では骨傷、裂傷が多かった。当時の状況を、報告書は次のように伝えている。

救護員派遣ノ顛末

（前略）今回ノ震災タルヤ近古未曾有《ミゾウ》ノ天変ニシテ、土地ノ崩潰、家屋ノ摧破《サイハ》、人生ノ支障等悲愴ノ景況、戦場ノ惨劇ニ譲ラス。此間ニ従事セル医員看護婦等ハ露宿野営日夜眠食ニ遑《イトマ》アラサルノ境遇ニアルモ、皇后陛下至仁ノ御旨ヲ奉体シ、能《ヨ》ク其職務ヲ

尽シ、治療救護ノ実効ヲ全フシタルハ、只本社ノ幸栄タルノミナラス、又罹災者ノ為メニ大ニ慶賀スル所ナリ。（後略）

負傷者ノ状況

（前略）負傷後日ヲ経ルモ自ラ病院ニ来ルコト能《アタ》ハス、甚《ハナハダシ》キハ二十日以上ヲ経テ始テ治療ヲ乞フモノアリ、故ニ患者ノ始テ来ルヤ創面ノ不潔実ニ驚クヘキモノアリ、例ヘハ頭部裂傷ノ如キ、毛髪凝血塵埃《ジンアイ》ト共ニ乾燥シテ硬固《コウコ》ナルコト板ノ如ク、而《シカ》シテ毛髪ヲ剪《キリ》去レハ腐敗性ノ貯膿血液ト共ニ流出シ、甚キハ内ニ蛆虫《ウジムシ》ヲ充タスアリ。（後略）

（『日本赤十字社震災救護景況報告』、明治二十五年刊）

この救護事業の間に、佐野も幹事の松平乗承らとともに、災害地へ赴いて各救護所を視察した。佐野社長の諭旨を受けて、懸命に活動する赤十字看護婦たちの姿は、印象的であった。このときには、東京慈恵医院、同志社病院、東京婦人矯風会などからも看護婦が派遣され、また一般婦人で看護に従事する者もいた。当時の人々は、看護婦という職業をまだ理解していなかったので、彼女らの献身的な活動を見て、女の先生と崇め、あたかも「医博士」のように尊敬したという（『女学雑誌』第二九九号、明治二十五年）。

救護事業に際して、日本赤十字社社員および有志者から救護費と物品が寄贈された。また佐野社長をはじめ、副社長、幹事、篤志看護婦人会会員からは病衣一一〇〇枚を負傷者に寄贈した。

三陸大津波

濃尾大地震から五年後の明治二十九年（一八九六）六月十五日には、三陸地方に大災害が発生した。当日午後八時三十分、宮城県以北の海上に、あたかも海の壁のように突如としてあらわれた大津波は、海岸に沿う村落に襲いかかり、瞬時にして家や田畑をのみこんだ。岩手県内の被害が最も多く、死者一万八一五八人に達し、ついで多い宮城県内と岩手県内をも合わせると、二万一七八〇人もの犠牲者を出した。また負傷者は、三県で四一一三人、家屋の流失は一万九〇九八戸に及んだ。

日本赤十字社の宮城・青森両支部と岩手県委員部（のち岩手支部となる）は、直ちに救護員を被災地へ派遣するとともに、東京の本社に急報して救護員の派遣を依頼した。そのため渋谷の日本赤十字社病院から救護器材を携行した救護班が派遣され、被災地に設置された臨時病院や仮救療所で治療にあたることとなった。

救護班には看護婦と卒業前の看護婦生徒も加わり、盛岡から先は山越えをして現地へ赴いている。脚半を巻き、白衣の上に、水筒と折りたたんだマントを交叉した看護婦の姿を見て、地元の人々は、女の兵隊が来たと言ったという。

泥にまみれた負傷者の状況を、当時の記録は次のように伝えている。

負傷者ハ総《スベ》テ全身沙泥塵垢《サデイジンコウ》及血液ニ染《シ》ミ、眼窩《ガンカ》陥リテ創面均《ヒトシ》ク発炎シ、且貯膿甚シク悪臭当ル可《ベ》カラス。（中略）止ムヲ得ズ俗間ノ弊習ニ従ヒ布片ヲ創口ニ纏《マト》ヒ、之ヲ緊迫シタルカ為メ局部ノ血行鬱滞《ウッタイ》ヲ促シ、其腫起《シュキ》ヲシテ益々高カラシメ、或ハ即功紙ト称フルモノヲ貼用シ、或ハ些少《サショウ》ノ綿紗片又ハ綿花片ヲ加ヘテ纏結《テンケツ》セルモノアリ、何《イズ》レモ周囲ノ蜂窩織炎《ホウカシキエン》ヲ発シ多量ノ腐膿ヲ生シ、加ルニ負傷後疼痛《トウツウ》ヲ忍テ東奔西走セシヲ以テ、其局症愈々《イヨイヨ》激進シタルモノノ如シ。（後略）（『日本赤十字社史稿』）

日本赤十字社の本部と支部の救護班が治療した負傷者は二三五一人であったが、そのほかに内臓疾患などで入院や外来治療を必要とする病者も多かったので、併せて四九五八人を救護した。従事した救護員（医員、調剤員、看護人、看護婦、事務員）は一七五人であった。またそのほかに、各臨時病院や救護所へ赴いて救護事業に助力した篤志者が四一九人もいた。そのなかには軍医、医学生などとともに、篤志看護婦が八四人もいた。

佐野は、各地での救護事業の視察と患者慰問のために幹事小沢武雄を派遣し、本社からの見舞い品の病衣二二〇〇枚とともに、みずからも手拭い二二〇〇筋を贈った。

病院船と戦時救護

明治二十年代には近代になって最初の外国との戦争が勃発し、日本赤十字社は初の戦時救護に従事することとなった。

日清戦争

明治二十七年（一八九四）六月、朝鮮半島に東学党の乱が起こったのを契機として、日本と清国《しんこく》との間が不穏の状勢となった。日本赤十字社は、万一戦争になった場合は、ジュネーブ条約に基づいて彼我《ひが》の傷病兵の救護事業を実施するために、六月十九日に救護員の派遣を陸海軍大臣に出願した。清国は当時、ジュネーブ条約に加入していなかったので、日本赤十字社では、あらかじめ傷病兵の安全を保つ条約を清国政府と締結することを、わが政府に建言した。これは成立しなかったが、政府は戦争が勃発すれば、戦時国際法の原則を守り、彼我の別なく戦傷者の救護を行うことを決めたのであった。

八月一日の宣戦布告とともに、日清戦争が開戦となった。その当日、陸軍大臣から日本赤十字社に、広島陸軍予備病院へ救護員を派遣するようにとの指令が届いた。そこで三日に最初の日本赤十字社救護班が新橋駅を出発して広島へ向かった。この救護班三〇人のなかには看護婦取締一人、看護婦二〇人が加わり、女性救護員がはじめて戦時救護に従事することとなった。

看護婦取締の高山盈《みつ》はこの年の六月に日本赤十字社病院看護婦取締（のち監督）に就任したばかりであった。彼女はそれまで学習院、華族女学校、宮城県尋常師範学校の教員を歴任した教育者であった。日本赤十字社病院の初代院長橋本綱常の懇請により、赤十字看護婦を統率する責任を負った。すでに開戦前に軍医総監石黒忠悳《ただのり》から、戦時救護に派遣された場合の看護婦の取締について覚悟のほどを聞かれた際に、高山は、万一不品行の者が出たときは自分は死を決心していると答えた。第一陣の救護班出発にあたり、高山は自身の決意を看護婦たちに伝え、各自が自覚をもって行動することを求めた。

救護班の出発をたまたま新橋駅で見かけた菊間（のち加藤）義清（軍楽隊楽手）は、赤十字看護婦一行が旅立つ姿に感動し、一夜にして「婦人従軍歌」を作詞したと伝えられる。

一　火筒《ほづつ》の響遠ざかる　あとには虫も声たてず
　吹立つ風はなまぐさく　くれなゐ染めし草の色
二　わきてすごきは敵味方　帽子飛び去り袖ちぎれ
　斃《たお》れし人の顔色は　野辺《のべ》の草葉にさも似たり
三　やがて十字の旗をたて　天幕《テント》をさして荷ひゆく
　天幕に待つは日の本の　仁と愛とに富む婦人
四　真白に細き手をのべて　流るる血汐《ちしお》洗ひ去り
　まくや繃帯《ほうたい》白妙の　衣《ころも》の袖はあけにそみ
五　味方の兵の上のみか　言《こと》も通はぬ仇《あだ》までも
　いとねんごろに看護する　心の色は赤十字
六　あな勇ましや文明の　母といふ名を負ひ持ちて
　いとねんごろに看護する　心の色は赤十字

「婦人従軍歌」は奥好義《おくよしいさ》（雅楽者）の作曲により、たちまち世の中に知れわたるところとなり、赤十字看護婦の活動が注目されることとなった。しかし当時は、この歌詞にあるような戦場での救護は男性救護員（看護人）に限られ、女性救護員（看護婦）は内地の陸軍予備病院での救護に従事した。

九月十六日には大本営が東京から広島へ移り、野戦衛生長官石黒忠悳の指揮のもとに、日本赤十字社の救護事業を推進する理事首長に清水俊（本社幹事）を選任した。理事首長は、各地派遣の理事員を総括する任務をもった。日本赤十字社が訓令した理事の心得のなかには、次のような語句が見える。

一　救護ノ実効ハ第一医療ノ敏活、第二看護ノ周到、第三衛生材料ノ整備ニアリト雖《イエド》モ、各員一人一己ノ功名心ヲ棄テ、戮《リヨ》力《リヨク》同心以テ天賦ノ赤誠ヲ尽ササレハ、其功ヲ全《マツト》フス可カラサルコト

一　救護員派出中ハ能《ヨ》ク艱《カン》苦《ク》欠乏ニ堪ヘ、奮勉忠実以テ業務ニ服従シ、品行方正以テ本社ノ体面ヲ保持スヘキコト

また野戦衛生長官からは「陸軍ノ編成ニ対スル本社事業ノ地位ニ関スル訓令」が発せられ、そのなかに特に女性救護員に関する条項があった。

十二　陸軍病院ノ看護ニ婦人ヲ用フルハ今回ヲ初メトス。故ニ最モ注意ヲ要ス。即チ之ヲ使用スルニ方《アタリ》テ、医官ハ患者ニ向テ充分注意ヲ演達シ、常ニ患者ト看護婦人ノ間ニ敬意ヲ忘レシム可《ベ》カラス。殊ニ将校ノ患者タル者、此《コノ》看護婦人ニ対シテ互ニ恭敬ノ

実ヲ表シ、下士以下ニ示ササレハ、遂ニ言フヘカラサル弊ヲ生スヘシ

男性救護員を含む救護班は九月に入って朝鮮半島の仁川へ向かい、この地で最初の海外救護を開始した。さらに平壌、南浦、義州から柳樹屯、旅順口、金州など各地で救護に従事した。旅順口や金州では施仁医院を設けて、清《しん》国民の患者を治療したので、救護員はこれにも関わった。

内地における陸軍予備病院での救護事業は、広島をはじめ東京（日本赤十字社病院）、仙台、豊橋、名古屋、松山、丸亀、福岡、小倉、熊本の各地で行われ、日本赤十字社が養成した看護婦だけでは不足したので、各支部で速成養成をした看護婦も加わった。また東京の慈恵医院の看護婦も広島で救護に従事した。

清国傷病者の救護

開戦以来、日本に移送される清国兵捕虜が多くなり、政府は彼我の別なく傷病者を救護することを目的とする日本赤十字社にその救護を委嘱した。日本赤十字社は東京の日本赤十字社病院をはじめ、豊橋、名古屋、大阪においても、捕虜の救護事業を実施し、併せて一四四九人を救護した。本社病院では、看護婦生徒寄宿舎を捕虜の病室にあて、卒業前の看護婦生徒も救護に加わった。

開戦の直前に皇后陛下は、篤志看護婦人会の幹事長小松宮妃殿下に、戦時救護が実施さ

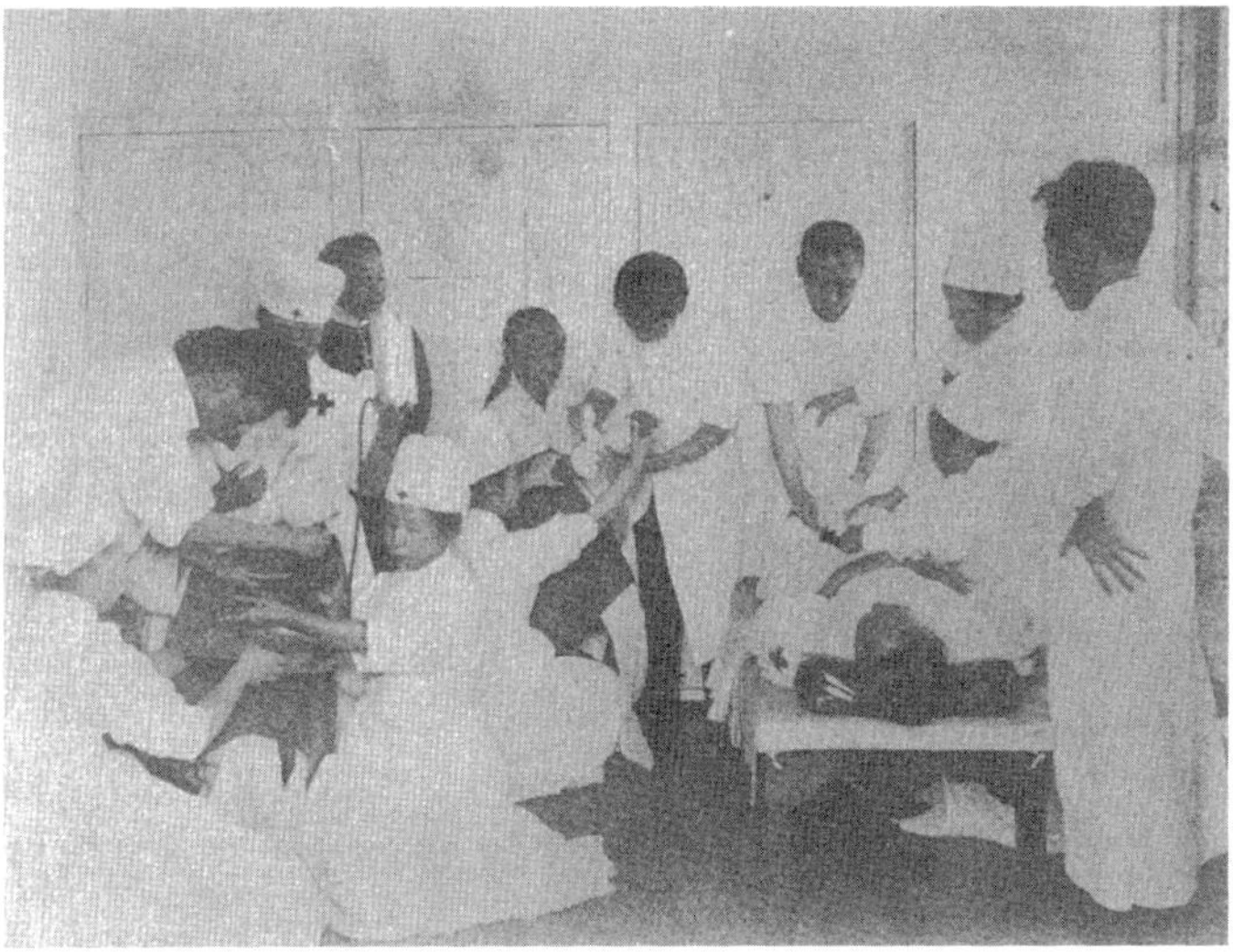

図10　日清戦争中の清国傷病者救護

れた場合の心構えを諭されたという。

（前略）目下日清交渉の折から一朝事あるに及んでハ、看護婦の必要ハ言を待たず、されバ此際充分其準備をなし、看護婦の本分を全うすべしとの御慈諭あり。（後略）

（『東京朝日新聞』明治二十七年七月二十六日）

開戦直後の八月八日、小松宮妃殿下は篤志看護婦人会の会員を集めて、傷病者の救護に尽力するよう諭示された。会員らは、まず消毒繃帯材料の調製に従事するとともに、陸軍予備病院での看護援助と慰問などに従事した。会員のなかには広島陸軍予備病院へ赴き、看護婦取締を勤めた婦人もいた。京都の同志社を創立した新島襄《じょう》の夫人八重子も、日本赤十字社京都支部の救護班とともに広島へ行った一人である。また北海道から東京へ出張して救護に従事した会員たちもいた。

この戦時救護事業の間、社長としての重責を担う佐野の心労は大きかった。開戦二ヵ月後の十月には広島、呉、佐世保の各陸軍予備病院の戦傷病者を慰問し、慰問品を贈った。十二月末には東京の日本赤十字社病院の患者を慰問した。翌二十八年四月末にも、幹事松平乗承らとともに、最後の慰問に出発したが、京都で公務上の支障が生じ、病気にも罹ったため、松平が社長代理として各地の病院を巡回して慰問した。また臨時幹事黒田綱彦を朝鮮半島に派遣し、各地で療養中の傷病者に慰問品を贈った。

明治二十八年二月二十七日には広島で全国役員総会を開き、総裁小松宮殿下の御詞のあと、野戦衛生長官石黒忠悳と佐野が演説を行った。石黒はそのあとで、日本赤十字社の救護の実績に関する意見を発表した。殊《こと》に看護婦が長期間にわたり昼夜の勤務に従事して倦《う》むことなく、救護の実効をあらわしたことを認めている。

救護員殉職者を弔う

日清戦争における日本赤十字社救護員の延べ人員は一五五三人であり、うち二五人が不幸にして殉職した。そのなかの四人は看護婦であった。明治二十九年（一八九六）六月八日の第八回社員総会（上野公園）は、戦後臨時総会を兼ね、佐野は戦時救護についての報告を行った。さらに翌九日には救護員死没者招魂祭典を実施した。佐野は祭主として弔詞を捧げた。

（前略）嗚呼《アア》諸子ハ寒風膚ヲ裂クモ屈セス、炎日金ヲ爍《トカ》スモ撓《タワ》マス、伝染病毒ニ触レテ畏懼《イク》セス、日夜勤勉終《ツイ》ニ其職事ニ斃《タオ》レタルハ、猶《ナ》ホ軍人ノ剣銃ヲ執《トリ》テ戦場ニ死シタルカ如シ。

特ニ本社ノ初メテ救護ノ事業ヲ施行スルニ際シ、身ヲ捨テテ其任務ヲ尽セシハ、我救護員ノ亀鑑《キカン》ニシテ、其功績ハ永ク伝ヘテ滅セサルヘシ。（後略）

この戦時救護事業の功労により、佐野は伯爵を授けられた。また救護員には叙勲および賜金の授賞があった。婦人の勲章である宝冠章が民間人に与えられたのは、このときの赤十字看護婦が最初であって、叙勲を建言したのは石黒忠悳であった。

病院船の建造

日清戦争中の戦時救護は日本赤十字社にとって最初の大事業であり、数々の体験がその後の救護事業実施への参考とされた。そのなかで佐野が最も強く主張したのが、患者輸送船の建造であった。日清戦争の際には、軍が徴用した船舶により彼我の傷病者を内地に輸送したが、日本赤十字社が独自の輸送船を所有すれば、安全な航海ができて患者の苦痛も軽減できる。佐野は幕末に経験した船に関する知識から、患者輸送船の建造を熱心に説いたのである。

その結果、明治三十年（一八九七）七月にいたって、輸送船準備に関する件が議決された。その条項には、日本赤十字社の負担で患者輸送船を二隻建造して、郵船会社に引き渡し、平常は飛脚船として使用すること、郵船会社は製造費の二〇分の一ずつを二〇年間日本赤十字社に納付すること、戦時もしくは日本赤十字社が必要とするときは、いつでも支障なく使用できるようにし、その場合の乗組員その他の費用は日本赤十字社が負担することなどを決めていた。郵船会社の承諾を得たのち、石黒陸軍軍医総監、実吉《さねよし》海軍軍医総監、松尾海軍造船少監、郵船会社造船技師などの意見を集め、またイギリスの病院船の構造をも参考にして、設計図を調製した。

八月十七日には、日本郵船株式会社と正式に契約を結び、同社社長の近藤廉平と日本赤十字社社長の佐野が契約書に署名をした。契約書には「病院船二艘（病院代用汽船）」と記されていた。船の建造に関する一切の事務は郵船会社に委託したので、郵船会社はイギリスのロブニッツ会社と契約して、同年末に造船に着手した。翌年二月には、船名を博愛丸、弘済丸と定めた。

明治三十二年（一八九九）の初めに造船が完了し、グラスゴーを出発して、博愛丸は四月十日に、弘済丸は六月二十八日に、横浜港にその姿を見せた。日本までの寄港地では、船内を公開したので、完備した病院船の出現が話題になるほどであった。

戦争が勃発した場合の患者輸送船の中立性については、一八六四年のジュネーブ条約では明確ではなかった。一八六八年の追加条項にも「病者傷者救護船」を中立とするとあるが、これは海戦の傷病者を指し、陸戦の傷病者の輸送には言及してなかった。しかし博愛丸と弘済丸が日本に到着した年の七月のハーグ万国平和会議で、ジュネーブ条約の原則を海戦に応用する条約が結ばれ、患者輸送船は不可侵の権利のもとに海上を航行することが可能となった。明治三十二年には日本赤十字社の戦時救護規則も制定された。

北清事変

患者輸送船が完成した翌年の明治三十三年（一九〇〇）六月には北清事変が勃発し、さっそくに同船を活用する機会が到来した。義和団の乱を契機として八ヵ国連合軍が会戦に臨み、同月十五日には日本軍も大沽《ターク－》へ派遣隊を出すにいたった。日本赤十字社では、直ちに救護計画に着手し、社長の名をもって患者輸送船の派遣を出願した。同月二十八日に陸海軍大臣の認許があり、医員、看護人とともに、はじめて看護婦も乗船することとなった。翌二十九日に海軍大臣山本権兵衛《ごんべえ》が常備艦隊司令官東郷平八郎にあてた訓令のなかには、次のような項目が見られる。

三、博愛丸ハ我陸海軍軍人軍属ノ患者ヲ収容スルノミナラス、外国軍人軍属其ノ他普通人ノ患者ヲモ収容スヘキ世界的ノ性質ヲ有スルモノナリ

七月一日の博愛丸出航の際には、佐野も横浜港へ行って訓示を与え、救護班の出発を見送った。博愛丸は、以後七回にわたり、宇品と大沽の間を航行し、続いて弘済丸も七回の航海のうえ、両船で合計二八五〇余名の患者を輸送した。このなかにはフランス人傷病者が一〇〇名以上もいて、広島陸軍予備病院に収容された。大沽と天津には、医員と看護人からなる救護班が派遣されていた。

フランス人傷病者の救護

広島には、日清戦争の際と同様に日本赤十字社救護班が派遣され、赤十字看護婦が救護に従事した。前回のように東京の日本赤十字社病院看護婦取締の高山盈《みつ》が看護婦監督となった。赤十字看護婦が言語や風俗を異にする外国人患者を看護するという、はじめての事態を重視した佐野は、これは日本婦人全体の品位に関することでもあるとして、出発前に充分な訓誡を与えたという。さきの磐梯山噴火の際の救護活動以来の旧知であった芳賀栄次郎は、ちょうど広島陸軍予備病院へ赴くこととなったので、佐野に面会したところ、病院勤務中の看護婦の監督を頼まれたと語っている。

社長徐《おもむ》ろに予に謂《いい》て曰《いわ》く、赤十字社派遣の看護婦にして今後儻《も》し外国傷病者救護の務に服することありとせば、是れ予《あらかじ》め審議を要する重要問題ならん、何となれば如《かくの》慐《ごとき》は従来実験匱《とぼ》しき所の勤務に属し、何分言語通せず風俗同しからざる患者を介輔せざるべからざればなり、加之《しかのみならず》其影響たるや独り赤十字社看護婦に止まらず、汎《あまね》く日本婦人全体の品位に関するもの往々之あり、故を以て自今予備病院に派遣すべき看護婦に対しては本社に於て十分訓戒を加ふべきも、病院勤務中は特に貴下の督励を煩《わずら》はされたきものなり。（後略）（「芳賀博士の救護談」『日本赤十字』第九一号、明治三十三

年）

看護婦たちは勤務の合間にフランス語の習得につとめ、佐野の訓誡をよく守り、誠意をもって看護に従事したため、はじめは意思の疎通を欠いて、いらだっていた患者も、落ち着きをとりもどし、感謝の気持ちを表すようになったと、芳賀は次のように述べている。

　仏国の傷病者中痛く熱病の為めに冒《おか》さるる者、時として突然疾呼《しっこ》し、或は絶えず呻吟《しんぎん》し、甚しきは咄嗟《とっさ》赫怒《かくど》、薬壜を摧《くだ》き便器を擲《なげう》つが如き暴挙を演ずる者あり、一時は医官も看護婦も匙を投じて頗る之に苦む。而《しか》も其後漸く患者の性質を解するに及び、看護婦の之に対するや辞色靄然《あいぜん》、激せず、抗せず、堅忍撓《たゆ》まず、徐《おもむ》ろに之を制して介輔至らざる所あらざりしかば、熱減じ苦去り以て恒態《こうたい》に復するや、有繋の患者も蒼然として前非を悔ひ懇ろに其失錯を謝したりと云ふ。（中略）要するに赤十字社看護婦の今日あるは主として其素養より来る、而して広島派遣前に於て佐野社長及支部長等より与へられたる懇諭は毎《つね》に之を刺戟するの砭鍼《へんしん》たるを疑はず。

フランス人傷病者たちは帰国の際に、いずれも看護婦への礼状を残していった。

日清戦争に続いて北清事変中も、篤志看護婦人会の会員の活動があった。各地の病院に収容された内外傷病者を慰問し、巻軸《かんじく》繃帯を調製するなど、各県に創設された支会ごとに活動が見られた。広島支会では、ちょうど支会の創立日の七月二十一日に傷病者を輸送して博愛丸が宇品港に到着したので、会員全員でこれを迎え、二十三日には陸軍予備病院へ慰問に赴いて、フランス人傷病者に錦絵などを贈った。

北清事変から四年後の明治三十七年（一九〇四）二月には日露戦争が勃発した。これは佐野の永眠後であったが、日本赤十字社では従来にまさる大規模な救護事業を実施して、多数の人命を救った。

なお病院船の博愛丸と弘済丸は、日露戦争、第一次世界大戦（大正三〜七年）の戦時救護にも使用され、平時には日本郵船の上海《シャンハイ》航路に就航していた。関東大震災（大正十二年）の際には、日本郵船が上海航路を中断して罹災者の輸送に当てることとし、東京の芝浦および横浜港から、清水港（静岡県）と神戸港へ多数の人々を運び、帰途は必要物資や救援品を東京・横浜へ運送して、災害救護の役目を果たした（『日本郵船株式会社五十年史』）。のちに両船は小会社に売却され、太平洋戦争中は物資の輸送に使用されたが、弘済丸は昭和十七年に、博愛丸は昭和二十年に、ともにアメリカ軍の潜水艦の攻撃を受けて沈没した。

時代とともに生きる――エピローグ

佐野常民は日本の美術工芸の振興に尽くしたことでも知られる。明治維新後、欧米文化への傾倒が強まるあまり、日本の伝統ある文化が軽視された。古美術が海外へ持ち出されたり、甚だしい場合は廃棄されたりする事態となった。ウィーン万国博覧会の際に、日本美術の紹介に努め、また西欧諸国が美術を奨励しているのを見聞した体験から、彼は伝統美術の保護と奨励の重要性を痛感していた。

竜池会――日本美術協会会頭

同じように伝統美術の衰退を憂い、その振興を望む人たちがいた。明治十一年（一八七八）には河瀬秀治、塩田真、山高信離《のぶつら》、納富《のうとみ》介次郎、松尾儀助らが発起人となって、毎月一回塩田の家で、古美術の合評会を開くことにした。その中心となったのはウィーン万国博覧会に派遣された人たちであった。翌十二年（一八七九）三月十五日に、この会の名称を竜池会《りゅうち》と決めて正式に発足し、会頭に佐野常民、副会頭に河瀬秀治を選んだ。会名は上野の不忍池《しのばず》畔の天竜山生池院を会合場所としたのに由来する。毎月の例会は各自の所蔵する古美術を展示しての品評会であった。同年六月一日の例会に佐野は、工芸の進歩についての課題を提起した。

今や日進の世なり、諸般の学術日に月に進歩す、而《しか》して独り工芸においてハ其の風致巧好却《かえっ》て昔時に譲《ゆず》るもの多し。そもそも是れ何の原由ぞや、請う明解を示せ、併せて之を挽回し且つ之を進歩するの方法を問ふ。（『東京日日新聞』明治十二年五月六日）

竜池会は日本古来の美術工芸の振興に向けての努力を続けた。明治十三年（一八八〇）に内務省博物局が第一回観古美術会を開催したが、翌年以降は竜池会に運営が移され、同会の存在が認められていった。明治十五年十月に農商務省主催の第一回内国絵画共進会が開催された際には、佐野が審査員の一人として加わっている。この際にワグネルとともに審査顧問となったフェノロサは、東京大学で政治学、経済学を教授する一方、日本美術にも深い関心を持っていた。彼は竜池会の会員となり、例会で講演を行った。その内容をまとめた『美術真説』（竜池会刊）という小冊子は広く世に知られるにいたった。

有栖川宮熾仁《たるひと》親王を総裁に迎えた明治十六年（一八八三）には、事務所を日比谷に設けて規模を大きくした。同年と翌年にはパリ日本美術縦覧会を主催している。佐野は会頭としてしばしば演説をしているが、明治十九年（一八八六）十月の例会での演説は、美術振興についての彼の意見をよく表明している。

抑《ソモソ》モ美術ハ、人ノ思想ヲ高ウシ風俗ヲ厚ウシ、愛国心ヲ起シ娯楽ヲ優美ニシ、傍《カタワ》ラ工業ヲ助ケテ国益ヲ増進スル者ナレハ、斯《カ》ク美術振興ノ気運ニ向フハ国家ノ為メニ賀スヘキ所ト謂《イ》フヘシ。（中略）

美術振興ノ事タル決シテ容易ノ業ニ非《アラ》ザルナリ。近時新聞紙新報等ニ於テ本会ノ所為ヲ不十分トシ其無効ナルヲ論ズルモノアリ、是畢竟《ヒッキョウ》余ノ不敏ニシテ叨《ミダ》リニ会頭ノ任ヲ負フノ至ス所ナルヘシト雖《イエド》モ、虚心平気ニテ考フレバ、世人ヲシテ美術ヲ有要視セシメ美術家ヲ振作シ、其模範トモナルヘキ本邦古来ノ名品ノ濫《ミダリ》ニ外国ニ輸出スルヲ防止セシ等ハ、多少本会ノ力ナシト謂フヘカラズ。（『竜池会報告』第一八号）

竜池会は明治二十年（一八八七）十二月の例会で、日本美術協会と改称することを決定した。会頭には佐野が引き続き就任し、明治三十五年（一九〇二）十二月に永眠するまで同会のために尽力を惜しまなかった。竜池会のときに始まった観古美術会は、美術展覧会と改称し、列品館を新築して、古美術だけでなく新製品をも展示して、美術工芸家の奮起を奨励した。

佐野が明治二十二年（一八八九）十一月の集会の際に頒布した「美術奨励ノ必要」には、美術は国家の文明を表わし、美術工芸品の輸出が増加すれば国の富を増すと述べ、西洋各国が官民競って美術を奨励する現状を紹介している。

美術ハ開化ノ結果ニシテ、美術ノ盛ナルハ取リモ直サズ国家ノ文明ヲ表スルモノナレハ、其盛《サカン》ナル国ハ他邦ノ尊敬称賛ヲ受クルハ争フ可《べ》カラサルノ事実ナリ。美術ハ此ノ如ク国家ノ品位ヲ高ムルノミナラズ、又工業ト密着シテ之レヲ助ケ、国家ノ富源ヲ開クニ欠クヘカラサルノ要素ナリ。（中略）西洋各国ノ形況ヲ観《ミ》ルニ官民競フテ美術ヲ奨励シ、其方法極メテ深切周密ナリ。（中略）各国相争フテ美術ヲ奨励スルハ豈偶《アニ》然ナランヤ、主トシテ国家経済上ノ利益ヲ計ルカ為メナルノミ。（中略）我輸出品中重立《オモダチ》タルモノハ、糸茶米石炭ノ如キ天産物ニシテ、之ニ次グモノハ陶器漆器金属器七宝木竹器織物紙製品服飾屏風其他ノ雑貨類、即チ美術工芸品ナリトハ雖モ、美術ニ長ズル国ノ割合ニハ、是等工芸品ノ輸出未ダ盛大ナラザルハ実ニ遺憾ナリ。

（中略）美術工芸品ノ輸出ハ猶《ナ》ホ未ダ盛ナラザルコト、及ビ美術ヲ奨励スレバ其増加ヲ促スヲ得ヘキコト明白ナリ。（『日本美術協会報告』明治二十三年二月）

竜池会の創立当初は会員一九人であったが、日本美術協会と改称した際には五〇三人、明治三十五年（一九〇二）十月には一六二一人に増加した。その十一月に行われた創立二五年の記念式典に佐野は、彼にとっては最後となる祝詞を寄せ、今後も「一層美術振興ノ効力ヲ発揮」することを切望し、自分も「残年ヲ以テ本会ノ為メニ微力ヲ尽クサンコトヲ期スベシ」と述べている。彼の永眠はその翌月であった。

大日本私立衛生会会頭

明治十六年（一八八三）五月二十七日に発会式を挙行した大日本私立衛生会は、日本で最初の民間の衛生推進団体といわれている。その初代会頭を務めたのが佐野常民である。

同会は、「全国人民ノ健康寿命ヲ保持増進スルノ方法」を討議研究し、「衛生上ノ知識ヲ普及」するとともに「衛生上ノ施政」を支援することを目的とした（同会規則）。幕末以来の度重なるコレラ流行に対処するために、明治十二年（一八七九）に内務省に中央衛生会が設置された折にも、佐野は会長に就任している（明治十二年十月～翌年三月）。中央衛生会は最初は臨時機関であったが、やがて全国の衛生事務に関する事項を審議する機関となり、各府県にも地方衛生会が設けられた。すでに明治八年（一八七五）に内務省に衛生局が設置されて、衛生行政が開始していたが、衛生知識の普及には民間側からの協力が必要であった。

民間の衛生推進団体を設立しようとする有志者が現われ、明治十四年（一八八一）から私立衛生会の創設の計画が進展した。明治十六年二月一日にははじめて会合を行い、柴田承桂、阪本彰之助《さんのすけ》らを委員として、会の規則を起案した。柴田はこの年に訪欧して、博愛社の依頼で諸国の赤十字事業を調査した人であり、阪本はのちに日本赤十字社副社長に就任した人であって、ともに日本赤十字社の歴史に関わりをもっている。

ついで二月十二日に主唱者会を開いたときには、当時の医学界で名を知られた池田謙斎《けんさい》、戸塚文海、渡辺洪基《こうき》、松本順《じゅん》らも参加している。二月十八日には、大日本私立衛生会の創立を公けにして正式に発足し、二十三日に内務省の衛生諮問会に出席していた衛生官吏らに規則書を頒布して、賛同を求めた。四月十日には主唱者の公選で仮に正副会頭と幹事一〇人を定め、その月末に新聞紙上に会の開設広告をしていて、佐野が会頭に推薦された。

副会頭になった長与専斎《ながよせんさい》は、佐野と同じ肥前国の大村藩の藩医の家に生まれ、佐野と同じく適塾で学び、明治維新後は岩倉使節団の一員として欧米視察に赴いた。欧米の医療制

図11　明治20年ごろの佐野常民肖像（『大日本私立衛生会雑誌』第50号口絵，明治20年７月30日刊）

度の調査中に、西洋では国民の健康保護を担当する行政組織があることを知り、「衛生」という用語を帰国後に使い始めた人で、初代の内務省衛生局長に就任した。大日本私立衛生会の発足当時もその職にあり、また会頭の佐野も元老院議長を務めていた。その他の役員も官の要職にある者が多かった。したがって会名に私立とあるものの実際には官民合同の組織であった。

五月二十七日の発会式当日、佐野は体調をくずして熱海で療養中であったため、会頭祝辞は石黒忠悳《ただのり》が代読した。その祝辞の冒頭で佐野は、「人生ノ楽ハ身体ノ健康ナルヨリ楽キハナク」といい、「ヒッポクラテス」の「健康ノ身体ナケレバ健康ノ精神ナシ」という言葉をあげている。そして国民各自の健康か否かは国家の貧富強弱に関わるとして、衛生知識の普及の必要性を説いている。

また、かつて自分が長崎海軍伝習所で学んでいた際に、オランダ人教官から日本人の多病を指摘されたのを機に、衛生の大切さを感じたことにふれている。

教師我輩ノ屢々《シバシバ》疾ニ由テ受業ヲ欠クヲ見テ怪《アヤシミ》テ曰ク、日本人何ゾ多病ナル是レ欧洲人ノ絶《タエ》テ無キ所ナリト、余当時此言ヲ聞テ深ク邦人ノ彼ニ及バザルヲ歎シ、爾来《ジライ》常ニ衛生ノ講ゼザルベカラザルヲ思ヘリ。(『大日本私立衛生会雑誌』第一号)

祝辞の最後に、同会の会員が全国に増加してともに健康を保ち、それが子孫に継承されて、「国家ノ福祉」が保たれることを望んでいる。

其目的ノ高遠ナル、其事業ノ切要ナル、遂ニ全国ヲ挙ケテ皆会員タルニ至リ、共ニ天然ノ健康ヲ全《マット》フシテ人生ノ至楽ヲ享《ウ》ケ、子孫益々強健ニシテ永ク国家ノ福祉ヲ保タンコト期シテ待ツベキナリ。(同右)

発会式から二ヵ月後の会員数は二九〇〇人、一年後には五〇〇〇余人となった。明治十七年には私立衛生会から「衛生寿護禄《すごろく》」が発行された。これは保健衛生の教育を双六《すごろく》で遊びながら学ばせるもので、日常の健康に関する注意を絵と文で示している。

明治十八年五月の総会で役員改選があったが、会頭に選ばれたのは、やはり佐野であった。明治十九年にもコレラの大流行があり、私立衛生会では、幹事の後藤新平の提言で東京府下の避病院に勤務する看病人に慰労品を配付する事業を行った。その慰労品のなかの手拭いには、看病人を励まし衛生上の注意を促す歌を染めだしてあった。「つとめよつとめよ看病婦　看護の道をつとむべし」に始まる歌詞が同会の会誌に掲載してあり、病院で働く当時の看護婦がにわかに注目を集めるにいたった。

またこの会の会員であった渡辺鼎《かなえ》は、例会で日本人の衛生についてたびたび発言していたが、明治十八年六月の例会では婦人束髪会を設けたいという提議をした。従来の日本髪は経済上、衛生上から難点があり、便利で経済的な束髪の普及をめざしたもので、会員らの賛成を得て発足した婦人束髪会の活動により、束髪の普及は急速に進んだ。看護婦などの職業婦人の髪型も、これにより軽快となった。なお渡辺鼎は、こののちアメリカに留学し、帰国後に会津若松で会陽医院を開業した際に、少年時代の野口英世のやけどをした手を手術して、彼が医学へ進む端緒を開いた医師である。

明治二十年（一八八七）の総会で山田顕義《あきよし》に会長が代わったのちは、佐野は名誉会員第一号にあげられた。その後の私立衛生会の事業として知られるものに伝染病研究所の経営がある。これは留学していた北里柴三郎の帰国を機に、福沢諭吉の援助により明治二十五年十一月に開所した。

伊能忠敬の顕彰に尽力

伊能忠敬《ただたか》は、江戸時代に日本全国の沿岸を実地に測量して、正確な日本全図を作りあげた人として知られる。しかし明治時代になって彼の偉大な業績を顕彰する端緒をつくったのが佐野常民であることは、あまり知られていない。佐野が明治十五年（一八八二）九月に東京地学協会で行った「故伊能忠敬翁事蹟」と題する講演をもとに、佐野と伊能図との関わりを明らかにし、伊能忠敬の顕彰に尽力した経緯をみることにしたい。

伊能忠敬が全国の測量を開始したのは十九世紀の初め、五十歳を過ぎてからであり、伊能図が完成して幕府に献上されたのは、彼が文政元年（一八一八）に病没して三年後の文政四年（一八二一）、すなわち佐野が生まれる一年前であった。文政十一年（一八二八）には国外持ち出しが禁じられている伊能図が、帰国するシーボルトの荷物のなかから見つかり、彼に地図を渡した人たちが処罰されたシーボルト事件が起こった。

すでに幕末に佐野は伊能図の恩恵を受けていた。前にもふれたように長崎海軍伝習所の訓練を受けていた佐野は、幕府から派遣されていた永井尚志《なおゆき》のもとに届いた伊能図を見て、その精細さに驚き、ひたすら懇請してそれを借り受け、佐賀藩の図手に謄写させた。そののち航海に出た際に、その図をもとに航路を定めたが、島の形状や岩礁の位置などが確実精詳に描いてあり、まさに「暗夜ニ灯火ヲ得タル」思いをしたという（二六ページ参照）。そして「深ク翁カ図ノ精ナルニ敬服シ其功ノ大ナルニ驚嘆セリ」と当時の思い出を述べている。

佐野は地学協会での講演の際に、伊能図に基づくイギリス製の日本沿海図を掲示し、次のようなエピソードも明らかにしている。イギリスは日本と和親条約を締結したのち、日本沿海の測量をしたいと要請したので、幕府は伊能図を与えたところ、日本人がすでに精密な測量をしていたのに驚き、測量の件は中止になった。イギリスは伊能図をもとに日本沿海図を作成したが、佐野は、もし伊能図がなかったら、イギリス人の測量がもとで諸藩との間に葛藤が生じ、国際問題となったかもしれないと言及し、伊能の名誉を讃えた。

> 夫《ソ》レ学術未タ開ケス器械猶《ナ》ホ疎悪ナルノ時ニ在テ製シタル図ニシテ、学術已《スデ》ニ開ケ、器械精良ヲ極ムルノ日ニ至リ、文明ヲ以テ称セラルル英国人ノ測量シタル者ト毫釐《ゴウリ》ノ差ヲ見サルハ、独リ翁ノ名誉ナルノミナラス、又以テ我日本ノ名誉ト称スヘキナリ。

さらに佐野はウィーン万国博覧会（明治六年（一八七三））に伊能図を出展して、各国の称賛を得たことも紹介している。佐野が伊能図の出展を太政官に申し出たところ、図の中の山脈の図法が洋式でないことや、上陸地の形勢が詳しくない点が指摘されたので、内務局地誌課に増補潤色を命じて完成させたという。

伊能忠敬の略伝は、国定教科書制度が発足した明治三十六年（一九〇三）の『高等小学読本』巻四に掲載されて、国民の間に知られることとなったが、この教科書に載った略伝は、佐野の講演に基づいて記述されたものといわれる。

佐野は講演の末尾に、伊能忠敬を古来稀なる偉人とし、東京地学協会から太政官へ贈位の具申を行い、また翁を記念する像または碑を建立して、その功績を永久に伝えることを切望した。実は講演の二年前の明治十三年に上総・下総地方を視察した際に、佐野は香取郡長の大須賀庸之助と伊能節軒から伊能忠敬の事跡を聞いていたうえに、講演をした同月に大須賀から、伊能の贈位実現のために尽力してほしい旨の文書を受けていた。同じ趣旨の文書は千葉県令の船越衛へも出されていたから、同年十二月にまず船越県令が太政大臣三条実美《さねとみ》に贈位上申を行い、翌明治十六年（一八八三）一月に東京地学協会からも会頭の北白川宮能久親王の名で上奏文が出された。その結果、二月に伊能忠敬に正四位の追贈があった。

また記念碑の方は、東京地学協会が資金の募集を行い、明治二十二年（一八八九）十月に芝公園内の丸山に「贈正四位伊能忠敬先生測地遺功表」を建立した。この建立工事を担当した起立《きりゅう》工商会社は、ウィーン万国博覧会を契機に設立された会社で、佐野とも関わりがあった。同年十二月四日に除幕式が挙行され、幹事渡辺洪基は遺功表建設についての報告のなかで、先年の佐野の講演にふれている。

先生事蹟ノ詳《ツマビラ》カナルニ至テハ、前《サキ》ニ同先生事蹟ト題シテ該挙ヲ唱率シ、尤《モット》モ此事ニ尽シタル佐野議員ノ演述ニ係ルモノアリ。（『東京地学協会報告』第一一年第九号）

このあと佐野も多数の参列者を前にして演説を行った。なお佐野は記念碑の建立地を伊能が測量の起点とした高輪大木戸とすることを望んだが、結局はその地に近い丸山となった。この遺功表は東京名所の一つにもなったが、太平洋戦争中の昭和十九年（一九四四）九月に金属回収政策のため撤収された。戦後の昭和四十年（一九六五）に、東京地学協会により元の台の上に新「遺功表」が建立されている。

九州回想の旅

明治二十九年（一八九六）十月三十一日に佐野は松平乗承《のりつぐ》らの一行とともに、九州巡行の旅に出発した。九州の七支部と山口支部の社員総会に出席し、また各地の実情を視察するためで、帰京までに四〇日を要する長旅であった。このとき佐野は満七十三歳であった。おそらく九州への旅はこれが最後という思いもあり、彼にとっては佐賀、長崎、熊本と、人生を回想する旅でもあったといえよう。同行した松平乗承は「八支紀行」と題する紀行記事を残していて、旅行のようすを知ることができる。

尾道からの船旅では、幕末に佐賀海軍で活動したころの思い出がよみがえり、いま赤十字事業のために再び瀬戸内海を航行する佐野にとっては、世の中の変化がまことに夢のようであった。

最初に赴いた社員総会は十一月五日の熊本であった。多数の社員を前にして、佐野は西南戦争中に熊本で博愛社の許可を受けた往時を語り、「熊本こそ此赤十字事業の創業の地なれ」と述べている。また当時を偲ぶ詩も残した。

賛同一万五千人　熊本城頭喜色新　換却昔年悲惨事　団々忠愛自生春

（「八支紀行」『日本赤十字』第五七号付録）

焼け野原となった熊本で、最初の救護活動を開始したころのことが、遠い昔のように思われる旅の始まりであった。

福岡での社員総会を経て、八日に郷里の佐賀に到着すると、まず鍋島家の先祖と旧藩主鍋島直正《なおまさ》を祀る松原神社に参詣した。翌日の社員総会でも、直正が詠んだ「自戒宴安如鴆《ちん》毒《どく》　従来治国要労勤」の詩句を誦して人々を訓《さと》し励ました。

翌日には、かつて鍋島直正の別業であった神野《こうの》の御茶屋（現、神野公園）において園遊会が開催された。佐野は多数の参会者の前で「この国家に寸功もなき常民を、閑叟《かんそう》侯の愛せられしこの御茶屋に……」と演説を始めたものの、涙であとが続かなくなった。ようやく話しだしても、旧藩主直正の遺志に報いることを繰り返し説きながら感涙にむせぶばかりで、満場の人々も涙をさそわれた。この日の佐野の詩は、一瞬に過ぎ去ったような三〇年間を偲ぶものであった。

三十星霜一瞬時　人情転与世遷移　白砂流水依然在　欲掬余香涙自垂（「八支紀行」）

園遊会のあと、佐賀城の西側にある善定寺へ赴いたのは、パリでなくなった野中元右衛門（古水）の遺髪を納めた墓所をたずね、碑文を届けるためであった。野中は前述のように、パリ万国博覧会（一八六七年〈慶応三年〉）に佐野と同行した佐賀の薬種商人で、パリ到着の五月十二日に急逝し、パリの墓地に墓が現存する。「古水野中君碑銘」には、「仏国博覧会」に赴きながら無念の死をとげた故人を偲び、一碑を建てる旨が記されていた。

（前略）今茲《ここ》に余たまたま帰郷するや其墓に展し、追懐の情自ら禁ずる能《あた》わず。（中略）能《よ》く時勢を審《つまびらか》にし克《よ》く事機を察し、励精業に従い、賢主の知に酬《むく》い、孱弱《せんじゃく》の質を忘れ、海洋の危を冒《おか》し、方物を貿遷し国を富すを是れ期す。志業未だ半ばならずして命を天涯に殞《いん》す。魂返らざるも美名長く垂れん。（原文は漢文）

明治二十九年十一月　　伯爵　佐　野　常　民　撰

しかし建碑の計画は、佐野の生存中には実現せず、大正九年（一九二〇）になって佐野常羽《つねは》（常民の次男、家督継承者）、大隈重信、堀内文次郎、野中万太郎と野中忠太（ともに元右衛門の孫）の合議により、ようやく実現した。佐野の碑文を彫った碑は善定寺に現存する。

十二日には佐賀を出発して、夕刻長崎に到着した。長崎もさまざまのことが思い出される土地である。十四日に飽《あく》の浦の造船所を視察した折には、幕末に造船や航海に苦心した追憶の詩を詠んでいる。

構造功成幾艦新　堪欣海事逐年振　追思三十余年事　試製初航小火輪（「八支紀行」）

十五日に船で長崎を出発する際に、見送りにきた人々のなかに、深町亨という医師がいた。彼は、西南戦争中に博愛社の最初の救護員のひとりとして、長崎軍団病院へ派遣されて活動した人である。

その後も九州一巡の旅を続けた一行が、帰京したのは、十二月十二日であった。

創立二十五周年式典を最後として

明治三十五年（一九〇二）は博愛社の創立から二十五周年にあたるため、日本赤十字社では各国赤十字社の社長を招待して祝典を開催することを、早くから計画していた。佐野はかねてから、赤十字国際会議を日本で開催することを希望し、しばしばそれに関して発言していたほどであったが、時機尚早のため実現しなかった。したがってこの祝典への外国赤十字社社長の招待は、彼の最後の念願でもあった。

明治三十年（一八九七）九月の第六回赤十字国際会議（ウィーン）に日本赤十字社委員

として出席した有賀長雄は、最終会議の席上で、本来ならば本社二十五周年を迎える年に第七回赤十字国際会議を東京で開催したいが、諸外国からの距離が遠いため難しいこと、その代わりに各国赤十字社代表者を祝典に招待したい旨の演述を行い、出席者から拍手をもって賛意を受けた。明治三十二年（一八九九）には祝典取調委員を嘱託して、準備を進めていった。

しかし翌三十三年（一九〇〇）に北清事変が勃発して、その救護事業に多額の資金を費したのと、外国の賓客の接待に十分な準備をする時を失したため、祝典は国内限りに縮小することとなり、各国赤十字社へもその旨を通知した。最も残念な思いをしたのは、佐野であろう。

祝典は明治三十五年五月一日の予定であったが、その年六月のイギリス国王戴冠式に総裁の小松宮彰仁親王が出席されることになり、四月中旬の出発のため、帰国されるのを待って、十月二十一日に延期された。

上野公園内で挙行された祝典の式場に、佐野は老齢のため参列できなかったが、行啓された皇后陛下から、日本美術協会内の便殿において、大給《おぎゅう》恒《ゆずる》、花房義質《よしもと》、小沢武雄、松平乗承《のりつぐ》、平山成信《しげのぶ》、鍋島直大《なおひろ》、石黒忠悳《ただのり》、笠原光雄とともに、左のような御沙汰を賜った。

日本赤十字社創立以来、多年容易ならさる尽力の段、苦労に存す。

祝典のはじめには佐野社長の名で、皇后陛下に奉謝状を奉呈し、皇室の恩顧を謝し、今後の事業の拡大を誓った。この年の全国の社員数は八〇万人にのぼり、創業時にくらべるとまさに隔世の感があった。この日、佐野と大給恒は日本赤十字社創立の功績により、名誉社員に推薦された。これまでの名誉社員は皇族に限られていたのである。

みずからの心血を注いだ日本赤十字社の記念すべき祝典を盛大に挙行したことに安堵したのか、それ以前から病気がちであった佐野は、病床に臥せる身となり、十二月七日に麹町区三年町（現、千代田区永田町一丁目）の自邸で永眠した。享年七十九歳、あと少しで満八十歳を迎えるところであった。同年齢の駒子夫人も同じ年の一月十七日になくなっていた。

佐野の社業に関する功績に報いるため、日本赤十字社は十二月十二日に社葬を行い、多数の参列者がその偉業を偲び、永別を惜しんだ。日本美術協会も、青山墓地（現、青山霊園）の墓所に石灯籠一対を寄贈した。

明治四十四年（一九一一）十二月に日本美術協会は追悼十年祭を行い、副会長平山成信の著述になる『佐野伯略伝』が会員に頒けられた。ちょうど同じ月に刊行された『日本赤十字社史稿』も、付録として「日本赤十字社長伯爵佐野常民伝」を掲載している。これは翌年に別冊製本され、編纂主任であった岩崎駒太郎が刊行した。さらに同年には日本美術協会が編集した『佐野伯演説集』も刊行された。これは同会における佐野の演説を『竜池会報告』と『日本美術協会報告』から収録している。

翌大正元年（一九一二）十二月七日の命日には、日本赤十字社が佐野の功労を追謝するために墓前で十年祭を行い、墓所に石灯籠一対を建立した。

佐野家の長男常実《つねみ》（幼名源一郎）は、父の随行者としてウィーン万国博覧会へ行ったことがあり、長じてドイツへ留学したが、明治十三年（一八八〇）九月に留学地で没した。そのため次男常羽《つねは》が家督を相続した。また娘の久米千代は、やはりウィーン万国博覧会に佐野に随行した浅見忠雅（のち佐野常樹《つねき》）と結婚した。

娘の一人である貞子は田村不顕《ひろあき》の夫人となり、その娘順子《のぶこ》は岡村於菟彦《おとひこ》夫人となって長男昭彦を生んだ。佐野常民の曾孫にあたる岡村昭彦（昭和六十年没）は、報道写真家として広く知られた人である。昭彦の父方の曾祖父の岡村義昌も、ちょうど佐野と同じ時期に適塾（大坂）に学んでいて、二人の学友の曾孫が同一人物という奇《く》しき縁がある。岡村昭彦ははじめ医学を志したが、やがて海外に目を向けて報道写真家となり、ベトナム戦争などで貴重な記録写真を残した。晩年には生命倫理、ホスピスに関する問題にも取り組んだ。彼の生涯は、時代を隔てているとはいえ、曾祖父佐野常民の先見性に富んだ生涯と共通するものがある。

若いころから佐野を知り、のちに第五代日本赤十字社社長となった平山成信は、『佐野伯略伝』の終わりを次のように結んでいる。

伯、清廉寡欲、客ヲ好ミ才ヲ愛シ、親戚故旧ニ厚ク、其援引救済ヲ受クル者甚タ多シ。又堅忍不撓《フトウ》、苟《イヤシク》モ一事ニ着手センカ、其目的ヲ達セサレハ已《ヤ》マサルノ風アリ。晩年屢々《シバシバ》大患ニ罹リシモ精力嘗《カツ》テ衰ヘス、日夜唯国事ヲ思ヒ公益ヲ計リ、常ニ百年ノ大計ヲ画シテ、老《オイ》ノ将《マ》サニ至ラントスルヲ知ラサルカ如シ。博学多才世其人ニ乏《トボシ》カラス。熱誠忠実、伯ノ如キ者果シテ幾人カアル、真ニ近世ノ偉人ナル哉《カナ》。

佐野は平生『中庸』を愛読し、次の句を演説の際によく引用したという。

人一タビ之ヲ能《ヨ》クスレバ、己ハ之ヲ百タビス、人十タビ之ヲ能クスレバ、己ハ之ヲ千タビス、人コノ道ヲ能クハタセバ愚ナリトイヘドモ必ズ明ナリ、柔ナリトイヘドモ必ズ強シ。

彼の生涯には、たびたびの転機があったが、何事にも誠意を持ってあたり、特に創設から二五年間の日本赤十字社の発展には、熱意をかたむけ通した。なお佐野が生前に希望していた日本での赤十字国際会議は、彼の没後三十余年を経た昭和九年（一九三四）に実現した。この前年に日本は国際連盟を脱退していたが、東京の日本赤十字社で開催された第十五回赤十字国際会議には、多数の国々からの参加があり、赤十字が局外中立であることを立証して、佐野の念願は結実した。

創設以来、百二十余年の歴史をもち、国際救援・災害救護をはじめ、さまざまの活動を続けている日本赤十字社の現在を、佐野は今も見守っていることであろう。佐野が日本に根づかせようと努力した赤十字の人道に基づく活動が、多くの国民に理解され、さらに協賛を得られることを望むものである。

あとがき

有明海の最奥部の海沿いに、一九九八年に開港した佐賀空港（佐賀県佐賀郡川副町《かわそえ》）は、佐野常民の生地に近い。川副町早津江の生家のあとに生誕地記念碑が立ち、近くに佐野記念館がある。佐野は佐賀の七賢人のひとりにあげられ、郷土の偉人である。

佐野常民については、日本赤十字社の前身の博愛社の創始者、日本赤十字社の初代社長として、人名辞典などに簡単な伝記が記述されている。しかしこれまでに刊行された伝記書は少なく、そのほとんどが市販本ではないため、八十年に近い生涯の事績は、これまで一般にはあまり知られていなかった。

佐野常民の後半生の伝記は、日本赤十字社の歴史そのものといっても過言ではないほど密接な関係をもっている。三十年以上前から日本赤十字中央女子短期大学図書館に在職していた私にとって、佐野常民の詳細な伝記がないのは残念であった。一八九〇年に創設の最初の赤十字看護婦養成施設を前身とする同短大（のち日本赤十字看護大学となる）には、明治期からの貴重な史料があり、いつしか赤十字看護教育の歴史をライフワークとするようになった私には、この看護婦養成事業を最初に推進した佐野初代社長の存在は大きかった。さらに十年前からは日本赤十字社図書・資料室嘱託となり、本社の原史料にふれる機会ができて、佐野常民の伝記の執筆を志すにいたった。

かつて看護婦といえば赤十字、赤十字といえば看護婦とまでいわれ、戦争が続くなかで白衣の天使と称えられたのに、戦後になると、赤十字看護婦は軍隊に加担したという人さえ出てきた。これは赤十字の事業や歴史を正しく理解していないためであって、赤十字の救護事業は戦争、災害の犠牲者の人命救助が最大の目的である。佐野常民はすでに幕末から赤十字に関心を寄せ、人命尊重の精神から博愛社を創設し、日本赤十字社に発展させて、日本における赤十字事業を推進した。女性救護員（看護婦）の養成も、傷病者の苦痛を救うという赤十字の目的を達成するために開始したのである。

二〇〇二年は佐野常民の生誕百八十年、没後百年にあたる。それを前にして本書の出版が実現し、少しでも多くの人にその生涯を知っていただく機会を得たことは、望外のよろこびである。

史料の収集と執筆にあたり、ご助言、ご協力をいただいた日本赤十字社、日本赤十字社佐賀県支部の職員をはじめ多くの知己の方がた、ならびに出版の機会を与えてくださった吉川弘文館に、厚く感謝申しあげる。本書の刊行が赤十字事業への理解といっそうの普及につながれば幸いである。なお、本書の著作権使用料は、赤十字事業のために役立てたいと思っている。

二〇〇一年一月

吉　川　龍　子

年譜

〔年次〕	〔西暦〕	〔事項〕
文政五	一八二二	一二月、肥前国佐賀郡早津江に出生、下村充贇《みつよし》の五男、幼名鱗三郎
天保三	一八三二	藩医、佐野常徴《つねみ》の養子となる。栄寿《えいじゅ》と名のる
同　五	一八三四	藩校弘道館の外生となる
同　六	一八三五	弘道館の内生となる
同　八	一八三七	養父のいる江戸へ行く
同　九	一八三八	古賀侗庵《とうあん》の塾に入門
同一〇	一八三九	佐賀に帰り、弘道館、松尾家塾（外科）で学ぶ
同一三	一八四二	駒子と結婚
弘化三	一八四六	京都の広瀬元恭の時習堂に入門
嘉永元	一八四八	大坂の緒方洪庵の適塾に入門
同　二	一八四九	三月、紀州の春林軒塾に入門。ついで江戸の伊東玄朴の象先堂塾に入門
同　三	一八五〇	病い重く玄朴の治療を受ける
同　四	一八五一	長崎に移り、家塾を開く
同　六	一八五三	佐賀藩の精煉方主任となる。栄寿左衛門と名のる

安政　二　一八五五　一〇月、長崎海軍伝習所の伝習生となる。精煉方で蒸気船・蒸気車の雛形を製造
同　三　一八五六　六月、養父常徴死去
同　四　一八五七　六月、精煉方で製作した電信機を島津斉彬に贈呈
同　六　一八五九　八月、長崎での海軍伝習が終わり、三重津海軍学寮の監督となる
万延　元　一八六〇　江戸へ行き、幕府の観光丸を預かる
文久　三　一八六三　三月、精煉方が蒸気船凌風丸の建造を開始する
慶応　元　一八六五　凌風丸が竣工
同　三　一八六七　三月、長崎を出発しパリ万国博覧会に参加する
明治　三　一八七〇　三月、新政府の兵部省兵部少丞に任命される。一二月、工部省出仕。常民と名のる
同　四　一八七一　八月、工部大丞兼灯台頭に任命される
同　五　一八七二　二月、博覧会御用掛兼務となる。一〇月、博覧会副総裁に任命される
同　六　一八七三　二月、ウィーン万国博覧会参加のため出発
同　七　一八七四　一月、弁理公使としてイタリアへ行く
同　八　一八七五　七月、元老院議官に任命。『澳国博覧会報告書』刊行
同　一〇　一八七七　四月、西南戦争負傷者救護のため博愛社設立願書を右大臣へ提出。五月、熊本で有栖川宮から博愛社の設立許可を得て救護活動を開始
同　一一　一八七八　六月、博愛社副総長に就任

同　一二　一八七九　三月、竜池《りゅうち》会会頭に就任。一〇月、中央衛生会会長に就任
同　一三　一八八〇　二月、大蔵卿に就任。六月、内国勧業博覧会副総裁に就任
同　一四　一八八一　一〇月、元老院副議長に就任
同　一五　一八八二　六月、博愛社社員総会で「博愛社ノ主旨ハ人ノ至性ニ基クノ説」の講義をする
九月、元老院議長に就任。東京地学協会で「故伊能忠敬《ただたか》翁事蹟」の講演をする
同　一六　一八八三　四月、柴田承桂に赤十字の調査を依頼。五月、大日本私立衛生会会頭に就任
同　一七　一八八四　二月、橋本綱常に赤十字の調査を依頼。一二月、ジュネーブ条約加入建議書を政府へ提出する
同　一八　一八八五　一二月、宮中顧問官に任命される
同　一九　一八八六　六月、政府がジュネーブ条約に加入する。一一月、東京飯田町に博愛社病院を開設
同　二〇　一八八七　五月、日本赤十字社と改称、初代社長に就任する。子爵を授けられる。六月、日本赤十字社篤志看護婦人会の発足。九月、日本赤十字社が国際赤十字に加盟する
一二月、日本美術協会会頭に就任する
同　二一　一八八八　四月、枢密顧問官に任命。七月、磐梯山噴火の災害救護を行う
一〇月、万国赤十字社創立二十五年紀祝典を挙行
同　二二　一八八九　六月、「日本赤十字社看護婦養成規則」を制定
同　二三　一八九〇　四月、日本赤十字社病院で看護教育を開始する

九月、トルコ軍艦沈没事故の国際救援を行う
同　二四　一八九一　五月、日本赤十字社病院が渋谷に新築移転。一〇月、濃尾大地震の災害救護に赤十字看護婦がはじめて従事する
同　二五　一八九二　五月、最初の看護婦生徒卒業証書授与式。七月、農商務大臣に就任
同　二六　一八九三　同　二七　一八九四　一〇月、赤十字看護婦第一回生の解散式
同　二八　一八九五　八月、日清戦争の戦時救護を開始
同　二九　一八九六　一〇月、伯爵を授けられる
同　三〇　一八九七　六月、『日本赤十字社看護学教程』を刊行。三陸大津波の災害救護を行う。一〇月、九州巡行の旅に出発
同　三一　一八九八　八月、日本郵船と病院船についての契約を結ぶ
同　三二　一八九九　八月、「日本赤十字社看護婦訓誡」を発布する
同　三三　一九〇〇　病院船博愛丸、弘済丸が竣工
同　三五　一九〇二　六月、北清事変の戦時救護を行う
　　　　　　　　　　一月、妻駒子死去。一〇月、日本赤十字社創立二十五周年記念式典を挙行。一二月、死去（満七十九歳）

主要参考文献

平山成信『佐野伯略伝』一九一一年　日本美術協会
日本赤十字社編『日本赤十字社長伯爵佐野常民伝』一九一二年　岩崎駒太郎発行
北島磯舟『日本赤十字社之創立者　佐野常民伝』一九二八年　野中万太郎発行
本間楽寛『佐野常民伝』一九四三年　時代社
川村健太郎『佐野常民伝』一九七一年　川副町教育委員会
山本光彦『よみがえれ博愛精神』一九八五年　川副町
アンドリュー・コビング『幕末佐賀藩の対外関係の研究』一九九四年　鍋島報效会
伊東栄『伊東玄朴伝』一九一六年　玄文社
緒方富雄『緒方洪庵伝』一九六三年　岩波書店
北野進『大給恒と赤十字』一九九一年　銀河書房
佐賀県立博物館編・発行『近代化の軌跡――幕末佐賀藩の挑戦』一九九九年
杉谷昭『鍋島閑叟』一九九二年　中央公論社
杉本勲編『近代西洋文明との出会い――黎明期の西南雄藩――』一九八九年　思文閣出版
田中芳男・平山成信編『澳国博覧会参同記要』一八九七年　森山春雍発行

東京地学協会編『伊能図に学ぶ』一九九八年　朝倉書房
中野礼四郎編『鍋島直正公伝』一九二〇年　侯爵鍋島家編纂所
日本赤十字社編・発行『日本赤十字社史稿』一九一一年
日本赤十字社中央病院編・発行『日本赤十字社中央病院80年史』一九六六年
日本赤十字中央女子短大史研究会編『日本赤十字看護教育のあゆみ』一九八八年　蒼生書房
秀島成忠『佐賀藩海軍史』一九一七年　知新会
藤井哲博『長崎海軍伝習所』一九九一年　中央公論社
宮永孝『幕末オランダ留学生の研究』一九九〇年　日本経済評論社
横浜開港資料館編・発行『R・H・ブラントン　日本の灯台と横浜のまちづくりの父』一九九一年
陸軍軍医団編・発行『陸軍衛生制度史』一九一三年

著者紹介
一九二七年、長野県に生まれる
一九四八年、国学院大学女子教養科研究科卒業
元日本赤十字中央女子短期大学職員
元日本赤十字社嘱託
主要著書
高山盈の生涯　日本赤十字看護教育のあゆみ
〈共著〉　日本の創造力〈共著〉

歴史文化ライブラリー
118

日赤の創始者　佐野常民

二〇〇一年（平成十三）五月一日　第一刷発行

著　者　吉《よし》川《かわ》龍《りゆう》子《こ》

発行者　林　英男

発行所　株式会社　吉川弘文館
東京都文京区本郷七丁目二番八号
郵便番号一一三—〇〇三三
電話〇三—三八一三—九一五一〈代表〉
振替口座〇〇一〇〇—五—二四四
印刷＝平文社　製本＝ナショナル製本
装幀＝山崎　登

歴史文化ライブラリー

1996.10

刊行のことば

現今の日本および国際社会は、さまざまな面で大変動の時代を迎えておりますが、近づきつつある二十一世紀は人類史の到達点として、物質的な繁栄のみならず文化や自然・社会環境を謳歌できる平和な社会でなければなりません。しかしながら高度成長・技術革新にともなう急激な変貌は「自己本位な刹那主義」の風潮を生みだし、先人が築いてきた歴史や文化に学ぶ余裕もなく、いまだ明るい人類の将来が展望できていないようにも見えます。このような状況を踏まえ、よりよい二十一世紀社会を築くために、人類誕生から現在に至る「人類の遺産・教訓」としてのあらゆる分野の歴史と文化を「歴史文化ライブラリー」として刊行することといたしました。

小社は、安政四年(一八五七)の創業以来、一貫して歴史学を中心とした専門出版社として書籍を刊行しつづけてまいりました。その経験を生かし、学問成果にもとづいた本叢書を刊行し社会的要請に応えて行きたいと考えております。

現代は、マスメディアが発達した高度情報化社会といわれますが、私どもはあくまでも活字を主体とした出版こそ、ものの本質を考える基礎と信じ、本叢書をとおして社会に訴えてまいりたいと思います。これから生まれでる一冊一冊が、それぞれの読者を知的冒険の旅へと誘い、希望に満ちた人類の未来を構築する糧となれば幸いです。

吉川弘文館

〈オンデマンド版〉
日赤の創始者 佐野常民

歴史文化ライブラリー
118

2018年（平成30）10月1日 発行

著 者 吉《よし》川《かわ》龍《りゅう》子《こ》
発行者 吉川道郎
発行所 株式会社 吉川弘文館
〒113-0033 東京都文京区本郷7丁目2番8号
TEL 03-3813-9151〈代表〉
URL http://www.yoshikawa-k.co.jp/

印刷・製本 大日本印刷株式会社
装 幀 清水良洋・宮崎萌美

吉川龍子（1927～）

ISBN978-4-642-75518-4